Alexander Häusler (Hrsg.)
Völkisch-autoritärer Populismus
Der Rechtsruck in Deutschland und die AfD

Alexander Häusler (Hrsg.)

Völkisch-autoritärer Populismus

Der Rechtsruck in Deutschland und die AfD

VSA: Verlag Hamburg

www.vsa-verlag.de

www.forena.de

Titelfoto: Verkleidete AfD- und Pegida-Anhänger protestieren am »Tag der Deutschen Einheit« 2016 vor der Frauenkirche in Dresden (Foto: Arno Burgi/pa)
Druck und Buchbindearbeiten: Beltz Bad Langensalza GmbH
ISBN 978-3-89965-835-4

Inhalt

Alexander Häusler

Einleitung

Der Einzug der »Alternative für Deutschland« (AfD) in den Deutschen Bundestag markiert einen aktuellen Rechtsruck und stellt im Vergleich zu unseren Nachbarländern gewissermaßen eine Form von »nachholender Entwicklung« auf dem rechten Feld dar: In Frankreich, in Belgien, den Niederlanden und der Schweiz haben sich Rechtsaußenparteien schon seit etlicher Zeit politisch etabliert. In Polen wie auch in Ungarn und in Österreich stellen sie sogar die Regierung bzw. sind an ihr beteiligt. Besonders die rechtsradikale FPÖ in Österreich gilt hierbei als politische Blaupause für die Entwicklung der AfD.

Erste Schritte der AfD hin zu einer rechten »Bewegungs«-Partei sind bereits im Jahr 2016 in einer VSA: Flugschrift mit dem Titel »Neue soziale Bewegung von rechts« skizziert worden, die ich gemeinsam mit Fabian Virchow herausgegeben habe. Seitdem hat sich Einiges auf diesem Feld weiterentwickelt und verändert:

- Die AfD ist in die Landtage weiterer Bundesländer und schließlich im September 2017 auch in den Bundestag eingezogen, ihre Wahlerfolge führen zu weitergehenden Veränderungen im politischen Parteiensystem.
- Die AfD erreicht mit sozialpopulistischen und rassistischen Parolen zunehmend prekarisierte Wählermilieus.
- Mit dem Weggang der ehemaligen Vorsitzenden Frauke Petry verfestigt die AfD ihren Status als »rechte Bewegungspartei«.
- Politisch betreibt die AfD eine Normalisierung von völkischem Nationalismus.
- Und in Anlehnung an die FPÖ entwickelt sich die AfD hin zu einem politischen Alternativangebot für einen neuen rechtskonservativ/extrem rechten Block.

Die rechten Wahlerfolge führen im öffentlichen Diskurs und auch in der wissenschaftlichen Auseinandersetzung zu Deutungen, diesen Rechtsruck als scheinbare politische Normalisierung zu begreifen. So weist die Einstellungsforschung in Deutschland seit etlichen Jahren auf rassistische und extrem rechte Einstellungen in der Bevölkerung hin, die bis zum Aufkommen der AfD von Rechtsaußenparteien noch nicht entsprechend parteipolitisch gebunden werden konnten.[1]

Die AfD stellt jedoch mehr dar als eine bloße wahlarithmetische Widerspiegelung rechter Einstellungen: Sie ist die treibende Kraft eines sich aggressiv

[1] Vgl. hierzu den Beitrag von Beate Küpper und Andreas Zick in diesem Band.

zuspitzenden rechten Aufbegehrens, das mit dem Begriff des völkisch-autoritären Populismus dessen weltanschauliche Stoßrichtung veranschaulicht. Die Partei betreibt einen rechten Kulturkampf, der einhergeht mit einer Normalisierung von völkisch-nationalistischem Gedankengut. Sie ist dabei in erster Linie bloßer Profiteur der Krise politischer Repräsentation. Ihr Spiel mit Ängsten und Ressentiments ist deshalb wirkungsvoll, weil es Halt, Zugehörigkeit und emotionale Auffangbecken und Blitzableiter für angestaute Wut über unverstandene abstrakte Herrschafts- und Konkurrenzverhältnisse vermittelt. Deshalb reicht es von linker Seite auch nicht aus, sich mit bloßen Gegenprotesten an den AfD-Provokationen abzuarbeiten. Vielmehr muss die rechtspopulistische Diskursstrategie durchkreuzt werden.

Diese Veröffentlichung soll dem Ziel dienen, eine zeitaktuelle und faktenkundige wie zugleich grundsätzliche und kontextbezogene Analyse der AfD und des vorherrschenden Rechtsrucks zu formulieren. Es geht um die zentralen aktuellen Erscheinungsformen des neuen völkisch-autoritären Aufbegehrens und des rechten Kulturkampfes der AfD sowie die Gründe für ihre anhaltenden Wahlerfolge.

Alle an diesem Buch mitwirkenden Autorinnen und Autoren sind Fachleute in ihren Themengebieten, gleichwohl werden nicht nur bei den getroffenen Bewertungen Unterschiede sichtbar, sondern auch unterschiedliche Begriffsverwendungen und Einschätzungen. Ich sehe dies als eine Bereicherung der notwendigen Vertiefung von Analysen und der Diskussion über den aktuell sich vollziehenden Rechtsruck.

In diesem Sinne bedanke ich mich bei allen Mitwirkenden für das Zustandekommen dieser aktuellen Bestandsaufnahme der AfD-Politik und deren Wirkungen.

Alexander Häusler
Düsseldorf, im Februar 2018

Alexander Häusler

Die AfD: Partei des völkisch-autoritären Populismus

Seit ihrer Gründung besteht in der öffentlichen Debatte Unklarheit, wie die Partei »Alternative für Deutschland« (AfD) politisch bewertet und analytisch bezeichnet werden kann: Ist sie nun nationalkonservativ, eher rechtspopulistisch oder gar rechtsradikal bzw. rechtsextrem?

In diesem Beitrag wird dafür plädiert, die AfD als Partei eines völkisch-autoritären Populismus zu verorten.[1] Die Bezeichnung soll dazu behilflich sein, sowohl die rechtspopulistischen Inszenierungsformen dieser Partei als auch ihr autoritäres Demokratieverständnis sowie ihre völkisch-nationalistischen Anschauungen und ihre entsprechenden Widerstandspostulate zu erfassen, um dadurch die verbindenden Wesenszüge dieser erfolgreichen Rechtsaußenpartei deutlicher charakterisieren zu können.

Völkische Radikalisierung einer Wutbürger-Partei

Die Schwierigkeit einer klaren politischen Zuordnung der AfD ist: Für die Bezeichnungen dieser Partei als wahlweise nationalliberal bzw. nationalkonservativ, rechtspopulistisch oder als extrem rechts lassen sich jeweils zutreffende Belege anführen, ohne dass sie damit in ihrer Gänze sowie in ihren jeweiligen zeitlichen Entwicklungsphasen charakterisierbar wäre. Denn die AfD erscheint wie ein politisches Chamäleon: Entstanden als zunächst mehrheitlich nationalliberal ausgerichtete Partei mit rechtspopulistischer Rhetorik beherbergte sie zugleich ein nationalkonservatives Milieu, das sich im Laufe ihres politischen Werdegangs immer stärker mit dem ebenfalls seit Beginn vorhandenen radikal rechten Milieu verband. Das heißt, die Partei beherbergt unterschiedliche politische Strömungen und Milieus rechts von der Union, die allesamt eine tiefgreifende Ablehnung und Wut auf gesellschaftliche Liberalisierung, Ausdifferenzierung und Anerkennungsprozesse von Minderheitenrechten und Multikulturalität vereint. Sie kann in Bezug auf ihre ver-

[1] Erste Versuche zu einer solchen politischen Charakterisierung der AfD habe ich im Vorfeld der Bundestagswahl 2017 gemeinsam mit Rainer Roeser in einer Studie über diese Partei und deren Wahlprogramm für den DGB-Bundesvorstand unternommen (Häusler/Roeser 2017).

bindenden emotional-politischen Leidenschaften sprichwörtlich als rechte Wutbürger-Partei charakterisiert werden. Zudem hat die AfD im Laufe ihrer Entwicklung das politische Erscheinungsbild fortwährend verändert und sich zugleich inhaltlich auch immer mehr nach Rechtsaußen entwickelt. Diese fortschreitende rechte Radikalisierung und die zunehmende Bedeutung völkisch-nationalistischer Orientierungen lassen sich anhand von sieben Entwicklungsphasen veranschaulichen:

- Günstige Voraussetzungen für die Gründung der AfD waren die Euro-Krise und die Sarrazin-Debatte. Thilo Sarrazin kann hierbei als publizistisch-medialer Stichwortgeber der AfD-Themen gesehen werden. Denn entgegen der öffentlichen Wahrnehmung war die AfD von Anfang an keine bloße Anti-Euro-Partei: So verdeutlichen exemplarisch die Lobhuldigungen der Thesen von Sarrazin durch den damaligen Parteivorsitzenden Bernd Lucke im rechten Querfrontmagazin »Compact« (9/2013) die von Beginn an nationalistisch-einwanderungsfeindliche Stoßrichtung der AfD. Zugleich hatte die AfD schon in ihrer Gründungsphase enge Verbindungen zur politischen Strömung der sogenannten Neuen Rechten über die Wochenzeitung »Junge Freiheit« (JF), welche die Partei von Beginn an publizistisch unterstützte, sowie über das neurechte »Institut für Staatspolitik«. Während in dieser *ersten Entwicklungsphase* der Führungsanspruch von Parteigründer Lucke noch unangefochten war, leiteten die ersten ostdeutschen AfD-Wahlerfolge im Jahr 2014 in Sachsen, Thüringen und Brandenburg die beginnende innerparteiliche Umorientierung hin zu einer nach extrem rechts tendierenden, offen rassistischen und anti-atlantisch orientierten Sammlungsbewegung ein. Denn im Osten war die AfD von Beginn an mehrheitlich radikal rechts orientiert.[2]
- Die *zweite Entwicklungsphase* war gekennzeichnet durch einen deutlichen Machtzugewinn des zusammenwachsenden nationalkonservativ-neurechten Flügels der Partei und die innerparteiliche Formierung des völkisch-nationalistischen Lagers um die »Patriotische Plattform« und die rechten Strippenzieher in den ostdeutschen Landesverbänden: Die Ost-AfD formierte sich zunehmend – pikanterweise unter Vorherrschaft vieler umgesiedelter »Wessis« und unter strategischer Leitung des westdeutschen ehemaligen CDU-(»Altparteien«-)Politprofis Alexander Gauland – als völkisch-nationaler Widerpart zur westdeutsch-neoliberal geprägten Lucke/Henkel-Fraktion.
- In ihrer *dritten Entwicklungsphase* formierte sich die AfD in Ostdeutschland zunehmend als rechte Bewegungspartei im Kontext der Pegida-Pro-

[2] Vgl. hierzu den Beitrag von David Begrich in diesem Band.

teste in Dresden ab Herbst 2014, was zu verschärften Konflikten mit dem damaligen Führungskurs der Partei führte. Während Lucke und das damalige AfD-Bundesvorstandsmitglied Hans-Olaf Henkel sich für einen offen neoliberalen und pro-atlantischen Kurs und gegen eine Hinwendung zum offen rassistischen Straßenprotest sowie gegen die Fokussierung auf das Thema Islam aussprachen, stießen sie damit innerparteilich zunehmend auf Widerspruch. Die von Thüringens Landesvorsitzenden Björn Höcke und von Sachsen-Anhalts Landesvorsitzenden André Poggenburg initiierte Erfurter Resolution bündelte den Anti-Lucke-Kurs der innerparteilichen rechten Widersacher, die sich unter der Bezeichnung »Der Flügel« zusammenschlossen: Die völkisch-nationalistischen Parteikräfte leiteten damit die erste grundlegende Machtwende in der AfD ein.

- Ihre *vierte Entwicklungsphase* prägte die AfD durch einen Machtwechsel auf ihrem Essener Bundesparteitag im Juli 2015. Lucke unterlag der sächsischen AfD-Landesvorsitzenden Frauke Petry im Kampf um die Führungsrolle. Petry erlangte ihren Sieg über Lucke mit Unterstützung des rechten Parteiflügels. Daraus folgte die Abspaltung des wirtschaftsliberalen, pro-atlantischen Flügels von der AfD und die Gründung der Organisation »Allianz für Fortschritt und Aufbruch« (Alfa, später umbenannt in »Liberal-konservative Reformer«, LKR) unter Führung von Lucke, die den Weg in die politische Bedeutungslosigkeit beschritt. Wegweisend hingegen verkündete der NRW-Vorsitzende Markus Pretzell in Essen, die AfD sei nicht nur eine Anti-Euro-Partei, sondern zugleich auch eine »Pegida-Partei« geworden.
- Die *fünfte Entwicklungsphase* der AfD war geprägt von der ab Spätsommer 2015 im öffentlichen Diskurs dominanten Flüchtlingsdebatte. Als »Geschenk« für seine Partei wertete der inoffizielle AfD-Chefstratege Alexander Gauland deshalb die Flüchtlingsdebatte im Kontext massiv steigender Umfragewerte (Gauland 2015). Mit ihrer sogenannten Herbstoffensive 2015 leitete die AfD entsprechend ihren völkisch-nationalistisch untermauerten Frontalangriff auf die deutsche multikulturell verfasste Einwanderungsgesellschaft ein: Einwanderung und multikulturelles Zusammenleben galten für die Partei fortan als politisches Grundübel. Diese Mobilisierung gegen die Aufnahme von Flüchtlingen leitete zugleich die aktive »Bewegungsphase« der Partei ein, die mit den rechten Aufmärschen mit der Mobilisierung des Höcke-Flügels unter Beteiligung von Pegida-Anhängern, Hooligans und Neonazis vor dem Erfurter Dom teilweise faschistoide Züge annahm. In einem Vortrag beim »Institut für Staatspolitik« (IfS) definierte Höcke im November 2015 die AfD als »fundamentaloppositionelle Bewegungspartei«. Ein weiteres Mobilisierungsthema sah die AfD zunehmend in muslimfeindlichen Kampagnen. Ebenfalls verstärkte sie besonders in Ostdeutschland

ihren sozialpopulistischen Kurs mit dem Ziel, auch enttäuschte Nichtwähler und Wechselwähler von der Linken und der SPD an sich zu binden.

- Ihre *sechste Entwicklungsphase* prägte die Partei durch ihre weitere Öffnung nach Rechtsaußen. So erklärte der Vorstand der Patriotischen Plattform: »Wir wünschen uns eine engere Zusammenarbeit zwischen Identitärer Bewegung und AfD, denn auch die AfD ist eine identitäre Bewegung, und auch die Identitäre Bewegung ist eine Alternative für Deutschland« (Patriotische Plattform 2016). Zugleich verschärften sich die Versuche zur rechten Verschiebung des Sagbaren im öffentlichen Diskurs. So sprach sich Petry in einem Interview gegen die »Ächtung des Begriffs ›völkisch‹« aus, den sie stattdessen »wieder positiv besetzen« wolle (Petry 2016). Der Historiker Michael Wildt deutete den Zweck solcher Vorstöße darin, »ein völkisches Vokabular öffentlich ›sagbar‹ werden zu lassen, das bislang als Sprache des Dritten Reiches gebrandmarkt war« (Wildt 2017: 117f.). Die berüchtigte Höcke-Rede Mitte Januar 2017 in Dresden auf Einladung des dortigen Jugendverbandes der AfD bekräftigte nachträglich die Richtigkeit dieser Deutung. Höcke bezeichnete dort das Berliner Holocaust-Denkmal als »Denkmal der Schande« und forderte eine »Erinnerungswende um 180 Grad« (Höcke 2017). Innerparteilich kam es erneut zu einer Verschiebung der Kräfteverhältnisse: Bei der Erstellung des Bundestagswahlprogramms 2017 erlitt die Vorsitzende Petry mit ihrem Versuch, auf dem Bundesparteitag in Köln ihren angeblich realpolitischen Kurs durchzusetzen, eine deutliche Niederlage. Zum Spitzenduo für den Wahlkampf wurden Alexander Gauland und Alice Weidel gewählt.
- Ihr Einzug in den Deutschen Bundestag prägt die *siebte Entwicklungsphase* der AfD. Er ist geprägt von einem weiteren Machtwechsel – dem Austritt der vormaligen Vorsitzenden Petry aus der Partei und der Gründung der zweiten (und wahrscheinlich ebenso erfolglosen) AfD-Nachfolgepartei unter dem Label »Die Blauen«. In der Neubesetzung der Führung des sächsischen Landesverbandes nach dem Austritt Petrys wurde der Höcke-Anhänger Jörg Urban gewählt. Als politische Richtungsorientierung gab er die angestrebte Zusammenarbeit mit Pegida mit den Worten kund: »Das sind gute Leute, die wollen dasselbe wie wir.« (Urban 2018)

Die skizzierten Entwicklungsphasen zeigen: Die politische Agenda hat die AfD im Laufe ihres Werdegangs zunehmend mit völkisch-nationalistischen Ideologemen und entsprechendem Vokabular angereichert und sie erfährt ihre Zustimmung zugleich durch eine autoritär aufgeladene Aufstandsrhetorik – darauf komme ich noch zurück.

Rechtspopulistisch

Hinsichtlich ihrer Agitationsform kann die AfD als rechtspopulistisch bezeichnet werden. Der Begriff des Rechtspopulismus ist dazu hilfreich, um eine spezifische Form von politischer Ansprache sowie entsprechende Mobilisierung politischer Leidenschaften verstehen und beschreiben zu können, die auf Verunsicherung, Angst, Ressentiment und Wut basieren. Nach Ruth Wodak instrumentalisieren alle rechtspopulistischen Parteien »eine Art von ethnischer, religiöser, sprachlicher, politischer Minderheit als Sündenbock für die meisten – wenn nicht alle – aktuellen Sorgen und Probleme. Sie stellen die jeweilige Gruppe als gefährlich dar, die Bedrohung ›für uns‹, für ›unsere‹ Nation. Dieses Phänomen manifestiert sich als ›Politik mit der Angst‹.« Ebenso markieren rechtspopulistische Appelle »an den gesunden Menschenverstand und Anti-Intellektualismus« eine »Rückkehr zu vormodernistischem Denken, also vor der Aufklärung« (Wodak 2016: 18). Laut dem französischen neurechten Theoretiker Alain de Benoist ersetzt der Populismus die Achse, »die der Rechts-Links-Spaltung entspricht, nun zunehmend durch eine Achse, die den globalisierten Eliten die Opfer der Globalisierung entgegensetzt«. Bezugspunkte für den neurechten Kulturkampf seien »die sich auflösende Arbeiter- und Mittelklasse« sowie die »Völker, die ihre Kultur- und Lebensweise bewahren und ihren Gesellschaften die sozialen Pathologien ersparen möchten, die die Masseneinwanderung hervorruft« (de Benoist 2018).

In Deutschland weist der rechte Populismus besondere historische Bezüge zur sogenannten Konservativen Revolution der Weimarer Zeit auf (vgl. Weiß 2017). Durch die rechtspopulistische Inanspruchnahme des Volkes wird zugleich die elitäre Attitüde des Konservatismus verändert und mit einem reaktionären Erhebungsversprechen verknüpft: »Der duale Bündnischarakter des Rechtspopulismus erfordert also eine neue Kombinatorik von konservativ-traditionalistischen und sozialdarwinistischen Elementen: Freie Bahn den Tüchtigen, aber vor Alpenkulissen, Nationaldenkmälern oder anderen Assoziationsauslösern für Heimat, Brauchtum und Tradition.« (Priester 2012: 186)

Genau diese populistischen Inszenierungen und Feindbildsetzungen praktiziert die AfD. So prangerte der Bundes-Co-Vorsitzende Jörg Meuthen auf dem AfD-Bundesparteitag im April 2016 in Stuttgart in populistischer Manier an, er könne sich aufgrund der Zuwanderung nicht mehr sicher auf die Straße trauen, und leitete daraus die Forderung nach einem »Deutschland weg vom links-rot-grün versifften 68er-Deutschland« ab (Meuthen 2016). Der Bundestagsabgeordnete Marc Jongen, kulturpolitischer Sprecher der AfD, bekundete als vorrangiges Ziel, »die Entsiffung des Kulturbetriebs in Angriff zu nehmen« (Jongen 2018).

Autoritär

Zugleich erfahren rechtspopulistische Agitation und autoritaristische Mobilisierung in vielen AfD-Verlautbarungen eine Symbiose. So offenbarte der AfD-Landesvorsitzende von Baden-Württemberg, Oberstleutnant a.D. Uwe Junge, auf seinem Twitter-Account Vorstellungen von Selbstjustiz, vorbei an rechtsstaatlichen Prinzipien, mit folgendem Bekenntnis: »Der Tag wird kommen, an dem wir alle Ignoranten, Unterstützer, Beschwichtiger, Befürworter und Aktivisten der Willkommenskultur im Namen der unschuldigen Opfer zur Rechenschaft ziehen werden! Dafür lebe und arbeite ich. So wahr mir Gott helfe!« (Junge 2017)

Die Anhängerschaft der AfD zeigt eine deutliche Neigung zu autoritären Einstellungen, die sich in der Herabwürdigung von Minderheiten niederschlägt. Die Wahrnehmung der krassen sozialen Ungleichheit und das Scheitern der bisherigen Konzepte gegen Ungerechtigkeit führen zu nationalistischen und rassistischen Forderungen, den National- und Wohlfahrtsstaat gegen »die Fremden« zu verteidigen. Das Demokratieverständnis der AfD ist gleichfalls als autoritär zu deuten. »Die da oben« haben zu liefern, was »das Volk« (angeblich unisono) fordert: Keine Zuwanderung, keine Moscheen und Muslime, kein Gender-Mainstreaming, sondern Zucht, Ordnung, deutsche Leitkultur und nationale Identität – Demokratie verstanden als Akklamation des (angestammten) deutschen »Volkswillens«. Mit seiner Behauptung, das »wahre Volk« symbolisch zu repräsentieren, instrumentalisiert und delegitimiert der Rechtspopulismus die demokratischen Institutionen (vgl. Müller 2016: 19). Denn im Rechtspopulismus wird »das Volk« ethnisch und sozial homogenisiert und es wird ihm ein »einheitlicher Wille« (der Wille seiner angeblichen »Anwälte«) zugesprochen.

Seine Genese erfuhr der Rechtspopulismus in Europa in den 1970er Jahren zunächst in Skandinavien in neoliberaler Frontstellung zum sozialdemokratisch geprägten Wohlfahrtstaatsmodell in Gestalt der sogenannten Steuerrebellen. Der britische Thatcherismus wiederum gilt als Dammbrecher neoliberaler Vorherrschaft in Europa. Der britische Kulturwissenschaftler Stuart Hall verknüpfte in seiner Analyse des aufkommenden Thatcherismus ab Mitte der 1970er Jahre die Begriffe Autoritarismus und Populismus. Hall sah im Begriff des »Autoritären Populismus« die Möglichkeit, »die widersprechenden Merkmale der sich herausbildenden Lage aufzunehmen: eine Bewegung in Richtung einer ›autoritären‹ Form demokratischer Klassenpolitik von oben, paradoxerweise offenbar wurzelnd im ›Transformismus‹ (...) der Unzufriedenheiten der Massen« (Hall 2014: 125). Er beschrieb den Erfolg des autoritären Populismus zugleich als Ergebnis einer »Schaffung von Massenzustimmung« durch die erfolgreiche Etablierung eines Diskurses zur Vereinigung der »Themen des organischen Toryismus – Nation, Familie, Amtsautorität, Maßstäbe, Traditionalismus, Patriarchalismus – mit den aggressiven Themen eines wiederbelebten Neoliberalismus – Eigeninteresse, Konkurrenzidealismus, Anti-Staatlichkeit« (ebd.: 129f.). Hall lieferte damit gewissermaßen einen Erklärungsansatz für das politische Erfolgsmodell eines neoliberalen Populismus, der sich durch die Verlagerung der sozialen Frage auf Kultur und Nation bei gleichzeitigem Frontalangriff auf Gewerkschaften und Sozialdemokratie propagandistisch die Zustimmung der Massen erkämpfte.

Im Zuge der Durchsetzung neoliberaler Politikkonzepte in einem globalisierten Europa fokussierte der autoritäre Populismus in sozialpopulistischer Manier seine Feindbildsetzungen auf die globalisierte, (selektierend) einwanderungsfreundliche Elite und versprach die Rückkehr zu einer angeblich heilen früheren Zeit nationalstaatlicher Kontrolle und paternalistischer Führung. Der Kulturwissenschaftler Arjun Appadurai sieht daher im rechten Angriff auf die liberale Demokratie eine neue Form des »populistischen Autoritarismus« (Appadurai 2017: 17). Eine seiner wesentlichen Erfolgsursachen sei »die Übersetzung von Fragen der ökonomischen Souveränität in Fragen der kulturellen Souveränität« (ebd.: 32). Zugleich ermöglicht das autoritäre Ressentiment seinen Anhängern ein Gefühl der Souveränität: »Was diese Gruppen eint, ist die Negation der Zivilisation in der Praxis im Namen einer imaginierten abendländischen Zivilisation« (Nachtwey 2017: 229).

Völkisch-nationalistisch

Als Kernideologeme des völkischen Nationalismus gelten eine Gleichsetzung von Volk und Nation, eine Überhöhung des Volkes zu einem Kollektivsubjekt, die Rechtfertigung eines »starken Staates«, die Heroisierung des »anständigen Deutschen« und die völkisch/rassistische Konstruktion eines »inneren Feindes«; schließlich ein biopolitisches Verständnis des »Volkskörpers« sowie ein chauvinistisches Machtstaatsdenken (Kellershohn 1998: 27f.). Neben völkischen Bezugnahmen weisen rechte Thematisierungen des Nationalen zugleich auch kulturalisierende Deutungsmuster nationaler Zugehörigkeit auf, die Yves Bizeul als »kulturalistischen Nationalismus« bezeichnet (Bizeul 2007: 33).

In der Propaganda der AfD wird der autoritäre Populismus angereichert mit völkisch-nationalistischen Positionen: So postete der AfD-Politiker Thorsten Weiß, Mitglied des Berliner Abgeordnetenhauses, auf seiner Facebook-Seite in Bezug auf die prognostizierte Zunahme von Staatsbürgern mit Migrationshintergrund: »Die Regierung plant den Volkstod!« (Weiß 2018). In Sachsen-Anhalt sorgte der dortige Landesvorsitzende André Poggenburg durch einen Weihnachtsgruß seines Landesverbandes für Aufmerksamkeit, in dem er anregte, über die »Verantwortung für die Volksgemeinschaft« nachzudenken. Auf die öffentliche Kritik darauf erwiderte er, es sollen wohl »einige völlig unproblematische und sogar äußerst positive Begriffe nicht benutzt werden«. Und weiter: »Das lassen wir uns nicht gefallen, denn wirkliche Freiheit fängt bei der Freiheit der Sprache an!« (AfD Sachsen-Anhalt 2015). Im Landtag von Sachsen-Anhalt forderte Poggenburg zudem, »linksextreme Lumpen« sollten von »deutschen Hochschulen verbannt« und »statt eines Studiumsplatzes lieber praktischer Arbeit zugeführt werden«. Es solle alles getan werden, »um diese Wucherung am deutschen Volkskörper endlich loszuwerden«. Als politische Stoßrichtung formulierte er: »Wir haben jetzt die wirklich historische Chance, eine echte deutschnationale Partei felsenfest im Parlament zu verankern.« (Poggenburg 2016) Die letzte Partei in Deutschland, die die Bezeichnung deutschnational im Namen führte, war die Ende November 1918 in der Weimarer Republik gegründete Deutschnationale Volkspartei (DNVP). Laut Stefan Breuer prägten die »Hypostasierung des holistisch verstandenen Volkes und die Präferenz für Ungleichheit« den »spezifisch völkischen Rechtsnationalismus« in der Vorzeit des deutschen Faschismus (Breuer 2010: 19). Diese Merkmale prägen gleichsam auch viele der heutigen Poggenburg'schen Landtagsreden.

Doch nicht nur die Landtage werden von der AfD zur Verkündung völkischer Weltbilder genutzt: Die völkisch-nationalistische Mobilisierung gegen Minderheiten wird auch auf der Straße betrieben: So untermauerte Thüringens AfD-Vorsitzender Höcke seinen Aufruf zur Teilnahme an einer AfD-Demonstration am 28.1.2018 gegen den Bau einer Moschee mit den Worten: »Zeigen wir Deutschland, zeigen wir Europa, dass wir alle in Erfurt, der zweiten Hauptstadt der Mutbürger in diesem Lande – die Nummer Eins ist natürlich Dresden (...) – dass wir uns auch in Erfurt unser Land nicht rauben lassen, sondern es uns zurückholen!« Wie dies zu bewerkstelligen sei, erläuterte er so: »Diese Republik und das sie beherrschende medial-politische Establishment sind zu einem politischen Augias-Stall geworden. Wir, liebe Freunde, müssen diesen Augias-Stall ausmisten! Dieses Land braucht eine politische Grundreinigung!« (Höcke 2018)

Die inhaltlichen Positionierungen des Rechtsaußenflügels der AfD haben in der Politikwissenschaft schon seit einigen Jahren dazu geführt, der AfD zum Teil rechtsextreme Züge zuzusprechen. So sieht der Berliner Politikwissenschaftler Gero Neugebauer Höcke mit seinen Aussagen als Vertreter eines völkischen Nationalismus, »also eindeutig rechtsextremistisch« (Neugebauer 2015). Der Politikwissenschaftler Rudolf Korte bezeichnet den Sprachduktus von Höcke als »rechtsextrem völkisch«. Der Politiker verbreite »völkisches Gedankengut, wie es das in Deutschland schon mal in den 1920er- und 1930er-Jahren gegeben habe« (Korte 2015). Claus Leggewie erkennt bei der AfD unter Gauland und Höcke gar Züge eines völkisch-autoritären »National-Sozialismus« (Leggewie 2017: 22).

Doch es sind real nicht nur die Vertreter der AfD-Rechtsaußenformation »Der Flügel«, die zur völkisch-rassistischen Mobilisierung beitragen. Auch die öffentlich als Höcke-Kontrahentin dargestellte Alice Weidel bagatellisierte im Gespräch mit der neurechten Wochenzeitung Junge Freiheit rassistische Proteste gegen Geflüchtete in Cottbus mit den Worten: »Jede öffentlich geäußerte Kritik an den Zuständen in der Stadt wird ins ›braune Eck‹ gestellt. Das ist vollkommen skandalös.« Es sei ihr deshalb auch ein Anliegen gewesen, in der ARD-Sendung »Anne Will« den Cottbusser Demonstranten ihre Solidarität auszusprechen. »Von den Regierungsparteien werden sie längst nicht mehr ernstgenommen.« Hintergrund für diese Solidaritätserklärung der AfD-Spitzenfunktionärin sind die sich zuspitzenden völkischen Mobilisierungen in Cottbus unter Federführung des rechten Netzwerks »Zukunft Heimat« mit Beteiligung neonazistischer Gewalttäter.

Getragen von einer Welle aus Frustration, Politikverdrossenheit und angestauter Wut formiert sich die AfD als Partei eines völkisch-autoritären Populismus als neues parteipolitisches Dach für eine milieuübergreifende rechte Widerstandsfront und Aufstandsbewegung gegen die rechtlichen und emanzipatorischen Errungenschaften der liberalen Demokratie und deren Fundamente.

Literatur

Alternative für Deutschland (AfD) Sachsen-Anhalt (2015): Liebe Bürger und Mitstreiter, v. 24.12.2015; www.facebook.com/SachsenAnhalt.AfD/photos/a.384418898339525.1073741828.363842953730453/898617830252960/?type=3 (17.12.2017).

Appadurai, Arjun (2017): Demokratiemüdigkeit. In: Heinrich Geiselberger (Hrsg.): Die große Regression. Eine internationale Debatte zur geistigen Situation der Zeit, Berlin.

de Benoist, Alain (2018): »Populismus ist keine Ideologie, sondern ein Stil«. Interview. In: Compact Magazin 2/2018.

Bizeul, Yves (2007): Nationalismus, Patriotismus und Loyalität zur offenen Republik. In: Aus Politik und Zeitgeschichte 1-2. Bonn.

Breuer, Stefan (2010): Die Völkischen in Deutschland. Darmstadt.

Gauland, Alexander (2015): In: Umfragehoch: AfD-Vize Gauland sieht Flüchtlingskrise als Geschenk; www.spiegel.de/politik/deutschland/afd-alexander-gauland-sieht-fluechtlingskrise-als-geschenk-a-1067356.html (12.12.2015)

Hall, Stuart (2014): Die Bedeutung des autoritären Populismus für den Thatcherismus. In: Ders.: Populismus, Hegemonie, Globalisierung. Ausgewählte Schriften 5, Hamburg.

Häusler, Alexander/Roeser, Rainer (2017): Die AfD: Auf dem Weg in einen völkisch-autoritären Populismus – Eine Zwischenbilanz vor der Bundestagswahl 2017, herausgegeben vom DGB-Bundesvorstand, Berlin.

Höcke, Björn (2017): Dresdener Rede v. 17.1.2017; www.youtube.com/watch?v=WWwy4cYRFls (5.2.2018).

Höcke, Björn (2018): Rede auf AFD Bürgerversammlung in Lutherstadt Eisleben v. 20.1.2018; www.youtube.com/watch?v=LcuaAFQkYaA&app=desktop (5.2.2018).

Jongen, Marc (2018): Facebookmeldung v. 23.1.2018; de-de.facebook.com/Dr.MarcJongen/

Junge, Uwe (2017): Meldung auf Twitteraccount v. 29.12.2017. twitter.com/uwe_junge_mdl/status/946869602553925634?lang=de (5.2.2018).

Kellershohn, Helmut (1998): Völkischer Nationalismus und seine Kernideologeme. Eine knappe Begriffserklärung. In: Siegfried Jäger u.a.: Der Spuk ist nicht vorbei. Völkisch-nationalistische Ideologeme im öffentlichen Diskurs der Gegenwart, Duisburg.

Korte, Karl-Rudolf (2015): »Es ist eine Gratwanderung, ob die AfD es schafft«. Interview. In: Deutschlandfunk v. 22.10.2015.

Leggewie, Claus (2017): Europa zuerst! Eine Unabhängigkeitserklärung. Berlin.

Meuthen, Jörg (2016): Rede auf dem AfD Parteitag in Stuttgart v. 30.4.2016; www.youtube.com/watch?v=RqGEClcH8_0 (20.12.2017).

Müller, Jan-Werner (2016): Was ist Populismus? Ein Essay, Berlin.

Nachtwey, Oliver (2017): Entzivilisierung. Über regressive Tendenzen in westlichen Gesellschaften. In: Heinrich Geiselberger (Hrsg.): Die große Regression. Eine internationale Debatte zur geistigen Situation der Zeit, Berlin.

Neugebauer, Gero (2015): »Neues Sprachrohr der Rechten« AfD bald im Fadenkreuz des Verfassungsschutzes? Gero Neugebauer im Gespräch. In: Handelsblatt online v. 20.10.2015. www.handelsblatt.com/politik/deutschland/neues-sprachrohr-der-rechten-experte-sieht-hoecke-als-vertreter-eines-voelkischen-nationalismus/12479592-3.html (2.2.2018).

Patriotische Plattform (2016): Wir sind identitär«, patriotische-plattform.de/blog/2016/06/14/wir-sind-identitaer/ (14.6.2016).

Petry, Frauke (2016): »Wir wollen keinen Bürgerkrieg« Interview. In: Die Welt v. 11.9.2016.

Poggenburg, André (2015): Liebe Bürger und Mitstreiter, v. 24.12.2015, www.facebook.com/SachsenAnhalt.AfD/photos/a.384418898339525.1073741828.363842953730453/898617830252960/?type=3 (27.2.2016).

Poggenburg, André (2016): Die AfD ist einfach nicht mehr aufzuhalten! AfD-Landtags-TV v. 27.1.2016; www.youtube.com/watch?v=YYwTWkiZYgs&feature=youtube (28.1.2016).

Poggenburg, André (2017): Rede im Landtag Sachsen-Anhalt v. 3.2.2017. www.youtube.com/watch?v=30F_iOUiBno (6.2.2018).

Priester, Karin (2012): Rechter und linker Populismus. Annäherung an ein Chamäleon, Frankfurt a.M./New York.

Urban, Jörg (2018): Zitat. In: MDR-Sachsenspiegel v. 4.2.2018. www.mdr.de/sachsen/politik/afd-landesparteitag-hoyerswerda-vorstandswahl-100.html (5.2.2018).
Weidel, Alice (2018): JF online v. 6.2.2018; jungefreiheit.de/politik/deutschland/2018/cottbusser-buerger-werden-im-stich-gelassen/ (7.2.2018).
Weiß, Thorsten (2018): Facebook-Eintrag v. 2.2.2018; de-de.facebook.com/Thorsten-Weissafd/ (5.2.2018).
Wildt, Michael (2017): Volk, Volksgemeinschaft, AfD, Hamburg.
Wodak, Ruth (2016): Politik mit der Angst. Zur Wirkung rechtspopulistischer Diskurse, Wien.

Felix Korsch

Die harte Linie

AfD, Union und die Radikalisierung des Konservatismus

Griff ins Leere

Vor fast drei Jahrzehnten erschien ein kleines, erdbraunes Bändchen. Sein Autor, ein Endvierziger mit CDU-Parteibuch, hatte damals den vorläufigen Höhepunkt seiner politischen Karriere erreicht und leitete die hessische Staatskanzlei. In seinem Buch, *Gemeine und Lords*, versammelte er biografische Miniaturen großer englischer Aristokraten, unter ihnen die Begründer des Konservatismus, Gentlemen wie Edmund Burke. Der Autor, der ihn bewundert, heißt Alexander Gauland, und durch das historische Idol hindurch scheint sein eigenes Verständnis, was es heiße, konservativ zu sein: Burke »liebte das Altehrwürdige, das durch die Tradition Geheiligte, das seit Generationen stetig Gewachsene [...]. Alles Erhabene und Schöne flößte ihm Ehrfurcht und den Wunsch nach Bewahrung ein.« (Gauland 1989: 57) Dem Autor war bei aller Schwärmerei geläufig, dass die Zeit der feinen Landhäuser vorüber ist, nur beiläufig schlägt er den Bogen in die Gegenwart: Weil aristokratische Lebensformen und Wertvorstellungen die dortigen Mittelschichten so stark durchdrungen hätten, sie Burkes »Botschaft des Maßes und der Mitte« (ebd.: 60) kennen, bliebe den Engländern »bis heute jene demokratische Massengesellschaft amerikanischer Spielart erspart, die auf dem Kontinent [...] als Inbegriff des demokratischen Fortschritts gilt« (ebd.: 154). So auch in der Bundesrepublik, die zudem »an einem Mangel an Persönlichkeiten« leide (ebd.: 77).

Man weiß nicht, ob Gauland an sich selber dachte. Es ging ihm wohl wie allen Konservativen: Die hochgehaltenen Werte sind »an die Erfahrung ihres Verlustes gebunden« (Greiffenhagen 1986: 67), der sich im vorliegenden Falle noch vertiefen würde, erschien das Buch doch im Epochenjahr 1989. Mit seinem Verstreichen war die kapitalistische Wirtschaft plötzlich »keine konservative Macht mehr, sondern eine egalisierende, aufklärerische linke« (Gauland 2002: 53): Was Fortschritt heißt, hilft nicht mehr, den Kommunismus auszustechen, sondern holt Einwanderer ins Land, die Globalisierung überrollt die Bundesrepublik. Das war die Perspektive nach dem Jahrtausendwechsel, ausgebreitet in Feuilleton-Stücken, die Gauland in einem neuen Buch, der »Anleitung zum Konservativsein«, zusammenfasste. Der Autor war inzwischen Herausgeber der »Märkischen Allgemeinen« geworden, das CDU-Parteibuch hatte er noch immer und das alte Burke-Kapitel druckte er wieder ab. Aber zu bewundern gab es nichts mehr, für die Gegenwart zog Gauland eine einzige Verlustbilanz auf der Linie wertkonservativer Zeitdiagnostik: So gründlich sei die deutsche Gesellschaft säkularisiert worden, dass Tradition, Religion und Familie ihre Bedeutung verloren hätten, dass selbst der ordnungssichernde Staat zweifelhaft geworden sei. Konservativ sein heiße jetzt, »Gegenhalt im Wirbel der Globalisierung« zu finden und ihr »geistig-moralische Stützen einzuziehen«, die »das Schlimmste vermeiden« helfen (ebd.: 74, 82, 129). Nur weiß der Verfasser nicht, wie: Er ist sich des Dilemmas des Konservatismus bewusst, als »Rechtsopposition zu der Moderne« entstanden zu sein (Mannheim 1964b: 598), die abverlangt, »am rationalistischen Sündenfall« zu partizipieren (Grebing 1971: 18). So sind Gaulands Antworten ambivalent: Er will auf den konventionellen Werten wie »Familie, Heimat, Nation« beharren, die »in den letzten 1000 Jahren funktioniert« hätten (Gauland 2002: 69). Aber er fürchtet, dass sich aus »den glanzvollen Vorräten der Geschichte [...] kein verständlicher Kanon, kein ästhetisches Ethos, kein lebensgestaltender Stil mehr ableiten« lässt (ebd.: 85). Er warnt vor der unheiligen Allianz mit dem Nationalismus (vgl. ebd.: 19, 46), aber im Zweifel akzeptiert er »[a]lles, was das Tempo verlangsamt, den Zerfall aufhält [...]: Traditionen und Mythen, Glaubensbekenntnisse und Kulturen, Ethnien und Grenzen. Selbst Vorurteile haben hier, sofern sie nicht in Gewalt und Rassismus umschlagen, ihre stabilisierende Wirkung.« (Ebd.: 87) Er warnt vor dem Rechtspopulismus der Marke Fortuyn, um ihn später zu empfehlen (vgl. ebd.: 43, 92). Er distanziert sich von dem alten Versuch der *Konservativen Revolution* (vgl. ebd.: 33, 130), dem Stürzenden selbst nachzuhelfen und »zur gewaltsamen Änderung gewisser Zustände« zu schreiten (Mohler 1950: 151). Aber dann will er doch »nach neuen Kräften suchen« (Gauland 2002: 68). Bei Gauland bleibt diese Suche, wie schon bei der *Konservativen Revolution*, ein »Griff ins Leere« (Sontheimer 1971a: 55).

Es liegt sicher nicht am Gebrauchswert der Gauland'schen *Anleitung*, dass sie im Jahr 2017 noch einmal aufgelegt wurde. Zwischenzeitlich hatte der Autor sein CDU-Parteibuch abgegeben und die AfD mitgegründet, führte sie als Spitzenkandidat in den brandenburgischen Landtag und den Bundestag. Die neue politische Feldordnung hat er antizipiert: »Wir werden es künftig«, schrieb er 2002, »mit zwei kulturellen Milieus zu tun haben, einem liberal individualistischen, das sich für Zuwanderung, die Anerkennung von homosexuellen Lebensgemeinschaften und jede Art von Selbstverwirklichung stark macht, und einem wertkonservativen [...], Konservative versus Liberale in allen Parteien.« (Gauland 2002: 95f.) Im knappen Nachwort zur Neuauflage gibt sich der Autor recht, längst hätten »CDU und CSU ihre konservativen Wurzeln gekappt. Auch in der Union wollte man nur noch fortschrittlich, feministisch, antiautoritär und schwulenfreundlich sein« (Gauland 2017: 135). Man habe Atomenergie,

Wehrpflicht, Ehe und letztlich den ganzen Rechtsstaat geschliffen, betreibe »die Zerstörung von Volk und Staat« und Minister Schäuble ging nach der Erinnerung des Autors »sogar so weit, uns zur Paarung mit jungen Muslimen anzuhalten, damit wir nicht degenerieren« (ebd.: 137). Gauland schließt mit einer Anmerkung zur Geschichtspolitik, die eine wichtige Rolle spiele, weil »der Mangel an Selbstbewusstsein und an Bereitschaft zur Selbstbehauptung« – im Absatz davor geht es um den Schutz der Grenzen – »auch auf die öffentliche Abwertung deutscher Geschichte zurück« gehe (ebd.: 138) Den Zivilisationsbruch des Nationalsozialismus stellt er durchaus in Rechnung; aber nicht ohne anzumerken, »dass der Schatten Hitlers auch hierzulande verblasst«, so sehr, dass der Konservative sich endlich »auf ungebrochene Traditionsketten besinnen« könne (ebd.: 138). Die »neuen Kräfte«, die er suchte, das sind wieder die ganz alten.

Der deutsche Nachkriegs-Konservatismus pflegt keine »ungebrochenen« Traditionsketten. Das ist seine demokratische Leistung, eine »›Deradikalisierung‹ […] durch die Desillusionserfahrung des Nationalsozialismus« (Morat 2008: 526), überdies eine Ausgangsbedingung, sich unter den Bedingungen der parlamentarischen Demokratie noch in die politische Steuerung der Gesellschaft einschalten zu können. Freilich ließ dieses Arrangement »viele Frontstellungen des klassischen Konservatismus inaktuell werden« (Lenk 1989: 281). Im eigentlichen Sinne rückwärtsgewandt ist der Konservatismus, der nach 1945 sein parteipolitisches Gravitationsfeld in der Christdemokratie fand, zunächst nur, sofern er Topoi aus der Vergangenheit bezieht, ansonsten ist er an der Gegenwart orientiert (vgl. ebd.: 280). Es wurde ein selbst »Tradition bildendes Bemühen« (Grebing 1971: 23), sich gegen ein restauratives Zurückgehen hinter einen umgewälzten Zustand und gegen reaktionäres Beharren abzugrenzen. Wenn der Vorwurf lautet, dass CDU und CSU ihre »konservativen Wurzeln gekappt« hätten, wird übersehen, dass sie nicht geneigt sein können, *politische* Entscheidungen mithilfe konservativer Traditionsbestände zu begründen, die »vor Hitler« reichen (ebd.: 14), als sie überwiegend antidemokratisch und antiparlamentarisch waren. Der Konservatismus anerkennt die mit dem Grundgesetz getroffenen Wertentscheidungen (vgl. Kluxen 1983: 247). In diesem Rahmen stellt er nicht »letzte Fragen«, sondern reformiert er, indem er »Einzeltatsachen durch andere Einzeltatsachen« ersetzt (Mannheim 1964a: 426) in der Absicht, das Gesamtsystem zu stabilisieren. Gauland zweifelt an ihm, ein Teil seiner Partei lehnt es offenbar ab.

Enttäuschte Konservative

Konservative Renaissancen sind eine »Form der Enttäuschungsverarbeitung« (Lenk 1989: 50). Die AfD entstand 2013 als ein »Sammelbecken für enttäuschte Konservative« (von Lucke 2013: 5f., vgl. Bebnowski 2015: 19), wie Gauland einer ist. Gemessen am parteipolitischen Vorlauf von Funktionsträgern war die AfD in ihrer Anfangszeit klar als eine »rechte Abspaltung der Union« (Kopke/Lorenz 2017: 80) zu bewerten; bis Mai 2016 soll etwa jedes zehnte Mitglied zuvor der CDU angehört haben (vgl. ebd.: 80). Durch sich selbst wie in ihrem politisch-publizistischen Umfeld wurde in der AfD daher eine neue »bürgerlich-konservative« Kraft (vgl. Häusler/Roeser 2015: 22) oder bereits eine »konservative Volkspartei« (zit. n. Kellershohn 2014: 127) erkannt, eine Ansicht, die dem Entstehungskontext entspricht: Zum Gründungsmoment gehörte der auch in Teilen des Unionsspektrums mitgetragene »Widerstand gegen die Euro-Rettungspolitik« der Bundesregierung (Häusler/Roeser 2015: 67), und ein Teil der Zustimmung durch WählerInnen speist sich »aus dem Konservatismus von Begüterten, denen die CDU zu viele Konzessionen an die EU, den Sozialstaat, an die Gleichstellung von Frauen und Minderheiten macht« (Priester 2016: 555). Bei den bisherigen Wahlen auf Bundes- und Länderebene profitierte die Partei denn auch deutlich von einstigen Unions-WählerInnen (vgl. Häusler/Roeser 2015: 134-144). Die von Anbeginn verfehdeten Parteiflügel innerhalb der AfD bezogen sich auf einen »gemeinsamen konservativen Wertehorizont« (Kemper 2016: 95), die Partei besetzte zügig die »Familie als Ordnungsfigur« des Konservatismus (Bebnowski 2015: 7). Mit zunehmendem Erfolg, namentlich nach den drei ostdeutschen Landtagswahlen im Jahr 2014, mehrten sich die Stimmen für eine (noch) »stärkere konservative Positionierung« (Bebnowski 2016: 26). Sie setzte zugleich in Gang, was rückblickend als ein bis heute anhaltender Rechtskurs der Parteientwicklung erscheint (vgl. Kopke/Lorenz 2017: 89), dessen vorläufige Ergebnisse die Zweifel mehren, ob die AfD noch als »konservativ« beschrieben werden kann.

Der Konservatismus in Deutschland hat sich nach 1945 nicht nur mit der parlamentarischen Demokratie versöhnt, sondern auch mit der Industriegesellschaft (vgl. Priester 2015: 86); er legte sein »traditionalisches Handicap« (Lenk 1989: 233) ab und wurde unter Anerkennung einer »Herrschaft der sogenannten Sachzwänge« (Saage 1987: 207) technokratisch. Die dementsprechende Rhetorik behielt ihre politische Kredibilität lange bei, sie klingt noch im Merkel'schen Wort der »Alternativlosigkeit« mit und half für lange Zeit, den Neoliberalismus als wirtschaftspolitisches Paradigma der Unionspolitik abzusichern. Bruchlos war das nicht möglich: Der ökonomische und politische Rationalismus, wie er sich auch im Liberalismus ausdrückte, war dereinst »definitorische[r] Gegner« der Konservativen (Greiffenhagen 1986: 67), was zum Dauervorwurf an die Union gereichte, dem Modernisierungsdruck nachgegeben zu haben (vgl. Priester 2015: 87). Ein solcher Kritiker ist Gauland, er und andere in und neben der Union forderten ideelle Kompensationen, einen »rechten Postmaterialismus« (Leggewie 1991: 90), mit dem etwa der Realität der Einwanderungsgesellschaft die Geltung einer deutschen Leitkultur zur Bedingung gemacht werden sollte. Aber Leitkultur- und andere Debatten hatten dies in den 2000er Jahren nicht zum Ergebnis. Auf der anderen Seite konnten auch Neoliberale in der CDU, ein Ökonom wie Bernd Lucke zum Beispiel, mit der Entwicklung nicht zufrieden sein: Die Krisendynamik in der Eurozone und deren politische Verarbeitung bedeuteten eine Abkehr vom Neoliberalismus. Die Kritik an diesem Schwenk mischte sich mit europaskeptischen bis -feindlichen Positionen, die den gemeinsamen Binnenmarkt der Europäischen Union begrüßen, aber nicht das System der »gepoolten Souveränität« mit seinen supranationalen Institutionen. An diesem Punkt, an dem *mehrere* konservative Strömungen in die Krise geraten waren, wurde eine Zusammenführung »rechtkonservativer Kulturkämpfer_innen und [...] der national-neoliberalen EU-Kritiker_innen« möglich (Friedrich 2015: 27).

Im alsbald entbrannten Flügelkampf der AfD stießen sich beide Strömungen wieder ab. Die wesentlichen innerparteilichen Konfliktthemen, die Neoliberale oder Liberal-Konservative hier und Rechts- oder Nationalkonservative dort trennten (vgl. Werner 2015: 100), sind in programmatischen wie in Personalfragen – mit dem Ausscheiden Bernd Luckes als einem symbolischen Höhepunkt – zugunsten der zweiten Gruppe aufgelöst worden. Von einem konturierten »liberalen« Flügel zu sprechen, ist seitdem gegenstandslos, und spiegelbildlich von einem »konservativen« Flügel oder einem derartigen Gesamtprofil auszugehen, verzerrt die reale Entwicklung. Denn es zeigt sich, dass der Konservatismus-Begriff nicht nur für das bundesdeutsche Parteiwesen kein »starkes Label« (Mehring 2017: 76), sondern auch für die Lage innerhalb der AfD nicht sonderlich unterscheidungskräftig ist, wenn es die Opponenten mit gleichem Recht für sich beanspruchen können. Es kommt noch der Radikalisierungsprozess der Gesamtpartei hinzu: Nach ihrer Gründung stellte sich rasch ein *bandwagon effect* ein, d.h. die Partei wurde ein Vehikel für politische Kräfte, die mitnichten dem parteigebundenen Konservatismus, sondern dem bis dahin vergleichsweise erfolglosen extrem rechten Rand des politischen Spektrums angehören (vgl. Priester 2015: 88). In Wechselwirkung mit der Pegida-Welle ab Herbst 2014 und im Zuge der sogenannten Flüchtlingskrise, die ein Jahr später einsetzte, griffen weite Teile der Partei zu einer »Aufstandsrhetorik« und rechnen sich selbst einer »Widerstandsbewegung« mit fundamental-oppositionellem Profil zu (Häusler 2017: 160). Heute ist die AfD ein parteipolitisches

Zentrum *nicht* des Konservatismus, sondern disperser »rechter Protestmilieus« (Kopke/Lorenz 2017: 95). Damit setzt die Partei keineswegs fort, was CDU/CSU aufgegeben hätten, sondern nähert sich der in neurechten Kreisen verfochtenen Idee, eine »›moderne‹ völkisch-konservative Bewegung im vorpolitischen Raum zu inspirieren und über deren parteipolitische Implementierung in den politischen Raum zu einer ›Umwälzung‹ [...] des politischen Systems beizutragen.« (Kellershohn 2014: 136) Es handelt sich um eine Entwicklung mit offenem Ende, die sich in einem »Spannungsfeld zwischen europaskeptischem und reaktionärem Konservatismus einerseits und extrem rechtem völkischen Nationalismus anderseits« bewegt (Häusler 2016: 45).

Konservativ ist wieder sexy

Spätestens mit der Bundestagswahl 2017 wurde die Frage, ob es sich bei der AfD um ein vorübergehendes Phänomen oder die bleibende Erweiterung des Parteienspektrums um ein Segment »rechts von der Union« handelt, klar beantwortet. Der AfD-Erfolg war ein Erfolg gegen die Union: Die neue Partei ist auf Bundesebene dritt-, in Ostdeutschland zweitstärkste Kraft geworden, in Sachsen hat sie die CDU nach Zweitstimmen knapp geschlagen. Die Union gerät dadurch in Bedrängnis: Das starke Abschneiden des neuen Konkurrenten erschwert Koalitionsbildungen und es erscheint derzeit nicht abwegig, dass zunächst auf Landesebene Konstellationen eintreten, in denen eine Regierung nicht mehr ohne die AfD gebildet werden kann. Mit ihr waren nicht nur, bemerkenswert genug, konservative Strömungen, die mittels der Unionsparteien fast durchgängig über Regierungsoptionen in Bund und Ländern verfügten, freiwillig in die Opposition gegangen. Sondern diese neue Oppositionspartei ist nun selbst Anwärterin auf Regierungspositionen geworden. Zwar haben Angela Merkel und verschiedene Unions-Spitzengremien wiederholt eine Zusammenarbeit mit der AfD ausgeschlossen. Aber in den Ländern liegen abweichende Ansichten vor. Sie ändern natürlich nichts daran, dass im Hinblick auf die Gesamtlage der Union an einer erfolgreichen AfD, die auf Dauer über soziale Milieus und politische Strömungen hinweg WählerInnen mobilisieren, d.h. von der Union *abbringen* kann, nicht gelegen ist.

Gegenstrategien wurden bisher abgeleitet von dem Versuch, Gründung und Aufstieg der AfD mit der These einer »Repräsentationslücke« zu erklären. Demnach sei ein Wählersegment entstanden, »aus dem heraus kein Vertrauen zu einer staatstragenden Partei besteht« (Patzelt 2016: 74) und das sich durch die Unionsparteien nicht oder nicht mehr repräsentiert fühlt. Der elektorale Zuspruch zur AfD speise sich folglich besonders stark aus dem »von der CDU inzwischen vernachlässigten Bereich« (Klose/Patzelt 2017: 139). Der Union gelinge es mit anderen Worten nicht mehr, »die konservative Seite der Gesellschaft abzudecken«. (Nassehi 2015: 21) Die Diagnose ist nicht neu, sondern trifft sich mit jahrzehntealten Befunden über die »Liberalisierung« und »Sozialdemokratisierung« der Union. Die Sicht, dass CDU/CSU bestimmte Themen *aufgegeben* hätten, die sodann zum Markenkern der AfD werden konnten, ist umstritten, denn ein »harter« Euroskeptizismus ist beispielsweise niemals Unionspolitik gewesen. Die Diagnose geht aus von einer Leerstelle, die durch einen neuen Spieler besetzt wird, zieht aber nicht in Betracht, dass sich mit dem Aufkommen des Rechtspopulismus bereits eine weitergehende Restrukturierung des Parteiensystems vollzogen haben könnte. Der normative Fluchtpunkt der Repräsentationslücken-These sind allzeit ausgewogene Repräsentationsverhältnisse (vgl. Elfferding 1986: 160), die schon im Hinblick auf den großen Nichtwählerbereich fraglich sind. Entscheidend ist hier aber die Frage, ob sich der Diagnose eine Unions-Strategie gegen die AfD entwinden lässt – sie müsste dann dahingehen, den »vernachlässigten«, jetzt von der AfD besetzten Bereich wieder einzunehmen. Beispiele für solche Versuche liegen vor, so bei der als besonders konservativ geltenden CDU in Sachsen: Den Satz des früheren Bundespräsidenten Christian Wulff, der Islam gehöre zu Deutschland, hat der kürzlich zurückgetretene sächsische Ministerpräsident Stanislaw Tillich zurückgewiesen, indem er sagte: »Der Islam gehört nicht zu Sachsen.« (zit. n. Kammholz/Malzahn 2015) Damit wurde ein Leitgedanke des AfD-nahen und in Sachsen besonders ausgeprägten Protestmilieus (vgl. Korsch 2016) öffentlichkeitswirksam beglaubigt und eine Fragestellung relevant gemacht, die sich im Hinblick auf den muslimischen Einwohneranteil Sachsens vorher nie gestellt hat. Die AfD orientierte sich in den zurückliegenden Wahlkämpfen »in vielerlei Hinsicht an der gesamtpolitischen Debattenkonjunktur« (Kopke/Lorenz 2017: 94), an Stichworten mithin, die auch von der Union ausgehen, eine »auf Nützlichkeitsüberlegungen beruhende[.] Zuwanderungspolitik« (Decker 2016: 11) zum Beispiel. Der als Reaktion auf den AfD-Aufstieg u.a. von der Union ausgehende Versuch, diesen Diskurs weiter zuzuspitzen, sei es durch die Diskussion einer »Obergrenze« oder die Aussetzung des Familiennachzuges – hat der AfD ebenfalls nicht geschadet, sie wurde im Gegenteil eindeutiger Wahlprofiteur der Flüchtlingsdebatte (vgl. Häusler 2017: 156).

Für die Union entsteht ein Dilemma. Politische »Erfolgs«-Themen, die – samt jenen Wähler*innen, für die sie zuletzt wahlentscheidend waren – zurückgewonnen werden sollen, sind von der AfD in eine Richtung zugespitzt worden, die ihrer innerparteilichen Radikalisierung folgt. Den Versuch, diese Positionen dennoch zu erreichen, unternehmen Teile der CSU, die im Vorfeld der Verhandlungen zu einer möglichen Jamaika-Koalition in einem Grundsatzpapier eine »bürgerlich-konservative Erneuerung« forderten: Als Antwort auf die Zäsurwirkung der Bundestagwahl müsse man sich von der AfD »erfolgreich abgrenzen«. Genauso gefährlich wie der Rechts- sei jedoch der »Populismus gegen rechts. Alles, was nicht im Geist der Alt-68er steht, gilt als rechts und damit schlecht.« Die Ausführungen gipfeln in dem Satz: »Konservativ ist wieder sexy.« (zit. n. Hollstein/Uhlenbroich 2017: 2) Das ist auch insoweit überraschend, als CDU/CSU sich in der Regel kaum als konservative Kraft, sondern als »Volksparteien der Mitte« darstellen. Nur en passant hieß es im gemeinsamen Programm zur Bundestagswahl, die eigenen Wurzeln seien »christlich-sozial, liberal und konservativ« (CDU/CSU 2017: 7). Die nachträgliche Profilschärfung, die darauf zielt, verloren geglaubte konservative Positionen für sich zu reklamieren, übersieht, dass diese Positionen sich mit der AfD gemeinsam *verschoben* haben. CSU-seitig ist mit gewisser Folgerichtigkeit nachgesetzt worden durch einen Meinungsbeitrag Alexander Dobrindts in der *Welt am Sonntag*: »Linke Ideologien, sozialdemokratischer Etatismus und grüner Verbotismus hatten ihre Zeit. Der neue Islamismus attackiert Europas Freiheitsidee und Selbstverständnis und darf seine Zeit gar nicht erst bekommen. Darum formiert sich in Deutschland eine neue Bürgerlichkeit. Auf die linke Revolution der Eliten folgt eine konservative Revolution der Bürger. Wir unterstützen diese Revolution und sind ihre Stimme in der Politik.« (Dobrindt 2018: 2) Dobrindt droht nun also denen, die mitnichten eine »linke Revolution« in Gang setzen, sondern mit der Union koalieren wollen, nicht weniger als eine »konservative Revolution« an – das zentrale Phantasma der Neuen Rechten. Damit hat er jedenfalls rhetorisch zur radikalisierten AfD aufgeschlossen.

False Friends

Wer so weit aufschließt, greift in einen Bereich über, der dem Konservatismus, erst recht dem der Bundesrepublik, mit gutem Grund entzogen ist. Er kannte zwar immer eine »harte Linie« (Lenk 1989: 52) und Phasen »aggressiver Artikulation konservativer Selbstreflexion« (Grebing 1971: 431). Es gab Versuche, einen »ernsthaften Konservatismus«, wie ihn die Union heute verloren habe (Nassehi 2015: 21), neu oder als eigenständigen Nationalkonservatismus zu formulieren (vgl. Botsch 2012: 60-70). Solche Entwicklungen führten bisweilen zu »innerkonservative[r] Dissidenz« (Weiß 2017: 64); sie führten mit den *Republikanern*, die sich von der CSU abgespalten hatten, auch schon aus der Union heraus. Aber Konservatismus und radikale Rechte waren und sind in der Bundesrepublik unterschiedliche Entwicklungen (vgl. Mehring 2017: 77). Der Versuch, gegenüber der AfD ein konservatives Profil so weit zu schärfen, dass er die begrifflichen Reserven gegen die radikale Rechte verliert, birgt die Gefahr, dass sich die Unionsparteien »von ihrem liberalen Demokratieverständnis entfernen« (Sontheimer 1971b: 200) und damit *wirklich* aus dem Nachkriegskonservatismus ausziehen. Ihn kennzeichnet ein zwar nicht vorbehaltloses, aber »anerkennendes Einverständnis« mit der Wirklichkeit (Lenk 1989: 259), die er zu konservieren sucht. Diesem Ansatz widerspricht von Grund auf der Versuch der AfD, gesellschaftliche Konfliktlinien *disruptiv* aufzubrechen oder ihre autoritäre Verarbeitung mithilfe einer »bewusst betriebene[n] Verrohung des öffentlichen Diskurses« (Häusler 2017: 159) zu popularisieren. Anders, als es den Nachkriegskonservatismus auszeichnet, ist die AfD, wo sie »überwundene Ideale« (Bebnowski 2015: 10f.) aufruft, restaurativ: In ihrer Gründungszeit wollte sie die »Rückkehr zu den Maastrichter Verträgen und, wenn nötig, zur nationalen Währung« (Priester 2015: 89), heute stellt sie eine »nivellierte Mittelstandsgesellschaft« in Aussicht, die schon in den 1950ern, als von ihr die Rede war, Makulatur gewesen ist (vgl. ebd.: 92). Vor allem will die AfD einen Konservatismus restaurieren, der noch oder wieder über einen definitorischen Gegner und geschlossene ideologische Konturen verfügt (Assheuer/Sarkowicz 1994: 174). Dieser Gegner waren die Liberalen, die Linken oder eben das Feindbild der »68er«, mit dem »alle Errungenschaften der sozialen Liberalisierung und demokratischen Modernisierung der Nachkriegsgesellschaft subsumiert« und verächtlich gemacht werden (Kopke/Lorenz 2017: 91). Zu diesen Errungenschaften gehört die Wertordnung des Grundgesetzes. Es scheint, als aktualisiere sich heute das überwunden geglaubte Potenzial des Konservatismus, »sich im Zweifel bis zur eigenen Auflösung zu radikalisieren« (Weiß 2017: 12).

Als Theodor Adorno in den 1940er Jahren Denkmustern nachspürte, die das Individuum für antidemokratische Propaganda empfänglich macht, stieß seine Forschergruppe auf den Typus des *Pseudokonservativen*, der im Namen herkömmlicher Werte und Institutionen »und zu ihrer Verteidigung gegen mehr oder weniger fiktive Gefahren bewusst oder unbewusst danach trachtet, sie abzuschaffen« (Adorno 1995: 206). Diejenigen »genuinen« Konservativen, die den antiliberalistischen Zügen nicht folgen, werden spiegelbildlich »ins liberale Lager getrieben« (ebd.: 217), eine Entwicklung, die den demokratisierten Konservatismus in der Bundesrepublik disponierte. Wenn dem Konservativen jedoch ein selbstkritisches Bewusstsein der eigenen Geschichte mangelt, wird er den Pseudokonservatismus nur ungenügend von sich scheiden, geschweige denn hinreichende Reserven gegen einen »extremistischen Konservativismus« (Pfahl-Traughber 2017: 227) aufbringen können. Auf diese klare Demarkation käme es aber an. Und nicht darauf, schneller als die AfD und ihr neurechtes Meinungsvorfeld eine »konservative Revolution« auszurufen.

Literatur

Adorno, Theodor W. (1995): Studien zum autoritären Charakter, Frankfurt a.M.
Assheuer, Thomas/Sarkowicz, Hans (1994): Rechtsradikale in Deutschland. Die alte und die neue Rechte. 2., aktual. Aufl., München.
Bebnowski, David (2015): Die Alternative für Deutschland. Aufstieg und gesellschaftliche Repräsentanz einer rechten populistischen Partei, Wiesbaden.
Bebnowski, David (2016): »Gute« Liberale gegen »böse« Rechte? Zum Wettbewerbspopulismus der AfD als Brücke zwischen Wirtschaftsliberalismus und Rechtspopulismus und dem Umgang mit der Partei. In: Häusler (Hrsg.) (2016), S. 25-38.
Botsch, Gideon (2012): Die extreme Rechte in der Bundesrepublik Deutschland 1949 bis heute, Darmstadt.
CDU/CSU (2017): Für ein Deutschland, in dem wir gut und gerne leben. Regierungsprogramm 2017-2021. o.O.: o.V.
Decker, Frank (2016): Die »Alternative für Deutschland« aus der vergleichenden Sicht der Parteienforschung. In: Häusler (Hrsg.) (2016), S. 7-24
Dobrindt, Alexander (2018): Für eine bürgerliche Wende. In: Welt am Sonntag, 4.8.2018, S. 2.
Elfferding, Wieland (1986): Rechtspopulistische Potentiale in der CDU/CSU. In: Dubiel, Helmut (Hrsg.): Populismus und Aufklärung, Frankfurt a.M.
Friedrich, Sebastian (2015): Der Aufstieg der AfD. Neokonservative Mobilmachung in Deutschland, Berlin.
Gauland, Alexander (1989): Gemeine und Lords. Porträt einer politischen Klasse, Frankfurt a.M.
Gauland, Alexander (2002): Anleitung zum Konservativsein. Zur Geschichte eines Wortes, Stuttgart/München.
Gauland, Alexander (2017): Anleitung zum Konservativsein. Zur Geschichte eines Wortes, Berlin.
Grebing, Helga (1971): Konservative gegen die Demokratie. Konservative Kritik an der Demokratie in der Bundesrepublik nach 1945. Frankfurt a.M.
Greiffenhagen, Martin (1986): Das Dilemma des Konservatismus in Deutschland. Frankfurt a.M.
Häusler, Alexander (2016): Die AfD – eine rechtspopulistische »Bewegungspartei«? In: Häusler/Virchow (Hrsg.) (2016), Hamburg, S. 42-51.
Häusler, Alexander (2017): Der Rechtsruck in der Partei »Alternative für Deutschland«. In: Moellers, Martin H.W./van Ooyem, Robert Chr. (Hrsg.): Jahrbuch Öffentliche Sicherheit 2016/2017. Frankfurt a.M., S. 155-161.
Häusler, Alexander (Hrsg.) (2016a): Die Alternative für Deutschland. Programmatik, Entwicklung und politische Verortung, Wiesbaden.
Häusler, Alexander/Roeser, Rainer (2015): Die rechten »Mut«-Bürger. Entstehung, Entwicklung, Personal & Positionen der Alternative für Deutschland, Hamburg.
Häusler, Alexander/Virchow, Fabian (Hrsg.) (2016): Neue soziale Bewegung von rechts. Zukunftsängste, Abstieg der Mitte, Ressentiments, Hamburg.
Hollstein, M./Uhlenbroich, B. (2017): Mitte-rechts-Plan. Die Zehn Gebote der CSU für Angela Merkel. In: Bild am Sonntag, 8.10.2017, S. 2.

Kammholz, Karsten/Malzahn, Claus Christian (2015): »Der Islam gehört nicht zu Sachsen«. Welt Online, 25.1.2015; www.welt.de/politik/deutschland/article136740584/Der-Islam-gehoert-nicht-zu-Sachsen.html (letzter Zugriff: 28.1.2018).
Kellershohn, Helmut (2014): Die AfD, die jungkonservative Neue Rechte und die Demokratiekritik von rechts. In: Kastrup, Wolfgang, Kellerhohn, Helmut (Hrsg.): Kapitalismus und/oder Demokratie? Beiträge zur Kritik »marktkonformer« Demokratieverhältnisse, Münster, S. 127-140.
Kemper, Andreas (2016): Antiemanzipatorische Netzwerke und die Geschlechter- und Familienpolitik der Alternative für Deutschland. In: Häusler (Hrsg.) (2016), S. 81-98.
Klose, Joachim/Patzelt, Werner J. (2017): Was ist so schlimm am Rechtspopulismus? Pegida, AfD und die Folgen. In: Orth, Stefan/Resing, Volker (Hrsg.): AfD, Pegida und Co.: Angriff auf die Religion?, Freiburg i. Br., S. 134-163.
Kluxen, Kurt (1983): Geschichte und Problematik des Parlamentarismus, Frankfurt a.M.
Kopke, Christoph/Lorenz, Alexander (2017): Zwischen konservativem Nationalpopulismus und fundamentaloppositioneller Bewegung. Das aktuelle Profil der AfD in Brandenburg. In: Grigat, Stephan (Hrsg.): AfD & FPÖ. Antisemitismus, völkischer Nationalismus und Geschlechterbilder, Baden-Baden, S. 79-100.
Korsch, Felix (2016): Einmal den Zirkel um Dresden schlagen. In: Häusler/Virchow (Hrsg.) (2016), S. 52-62.
Leggewie, Claus (1991): Rechts, ganz rechts – und die Ma-o-am-Partei. Die Lage(r) der Union. In: Faber, Richard (Hrsg.): Konservatismus in Geschichte und Gegenwart, Würzburg, S. 85-93.
Lenk, Kurt (1989): Deutscher Konservatismus. Frankfurt a.M./New York.
Mannheim, Karl (1964a): Das konservative Denken. Soziologische Beiträge zum Werden des politisch-historischen Denkens in Deutschland. In: Wolf, Kurt H. (Hrsg.) (1964), S. 408-508.
Mannheim, Karl (1964b): Die Bedeutung der Konkurrenz im Gebiete des Geistigen. In: Wolf, Kurt H. (Hrsg.) (1964), S. 566-613.
Mehring, Reinhard (2017): Konservatismus. In: Ahlheim, Klaus/Kopke, Christoph (Hrsg.): Handlexikon Rechter Radikalismus, Ulm, S. 75-77.
Mohler, Armin (1950): Die Konservative Revolution in Deutschland 1918-1932. Grundriß ihrer Weltanschauung, Stuttgart.
Morat, Daniel (2008): Von der Tat zur Gelassenheit. Konservatives Denken bei Martin Heidegger, Ernst Jünger und Friedrich Georg Jünger 1920-1960, 2. Aufl. Göttingen.
Nassehi, Armin (2015): Die letzte Stunde der Wahrheit. Warum rechts und links keine Alternativen mehr sind und Gesellschaft ganz anders beschrieben werden muss, Hamburg.
Patzelt, Werner J. (2016): Neun unorthodoxe Thesen zu PEGIDA. In: Rehberg, Karl-Siegbert/Kunz, Franziska/Schlinzig, Tino (Hrsg.): PEGIDA. Rechtspopulismus zwischen Fremdenangst und »Wende«-Enttäuschung? Analysen im Überblick, Bielefeld, S. 69-82.
Pfahl-Traughber, Armin (2017): Zeitschriftenporträt: Sezession. In: Backes, Uwe/Gallus, Alexander/Jesse, Eckhard (Hrsg.): Jahrbuch Extremismus & Demokratie, 29. Jg., Baden-Baden.
Priester, Karin (2015): »Erkenne die Lage!« Über die rechtspopulistische Versuchung

des bundesdeutschen Konservatismus. In: INDES. Zeitschrift für Gesellschaft und Politik, 5(3), S. 84-92.
Priester, Karin (2016): Rechtspopulismus – ein umstrittenes theoretisches und politisches Phänomen. In: Virchow, Fabian/Langebach, Martin/Häusler, Alexander (Hrsg.): Handbuch Rechtsextremismus, Wiesbaden, S. 533-560.
Saage, Richard (1987): Arbeiterbewegung, Faschismus, Neokonservatismus. Frankfurt a.M.
Sontheimer, Kurt (1971a): Antidemokratisches Denken in der Weimarer Republik. In: Ders. (Hrsg.) (1971), München, S. 38-55.
Sontheimer, Kurt (1971b): Gefahr von rechts – Gefahr von links. In: Ders. (Hrsg.) (1971), München, S. 172-205.
Sontheimer, Kurt (Hrsg.) (1971): Deutschland zwischen Demokratie und Antidemokratie. Studien zum politischen Bewußtsein der Deutschen, München.
Von Lucke, Albrecht (2013): Heilsame Verwirrung? Der Euro, die Linke und die AfD. In: Blätter für deutsche und internationale Politik, 6/2013, S. 5-8.
Weiß, Volker (2017): Die autoritäre Revolte. Die Neue Rechte und der Untergang des Abendlandes, Stuttgart.
Werner, Alban (2015): Was ist, was will, wie wirkt die AfD? Köln/Karlsruhe.
Wolf, Kurt H. (Hrsg.) (1964): Karl Mannheim. Wissenssoziologie: Auswahl aus dem Werk. Berlin/Neuwied.

Michael Bonvalot

Die FPÖ als Vorbild für neoliberale Rechtsaußenparteien in ganz Europa

Europas Rechtsextreme sind begeistert. Als im Oktober 2017 die Freiheitliche Partei Österreichs bei der Parlamentswahl auf knapp 26% der Stimmen kommt, lassen die Glückwünsche nicht lange auf sich warten. AfD-Co-Bundessprecher Alexander Gauland hebt die »sehr guten Beziehungen« zur FPÖ hervor (Welt 2017a). »Die FPÖ ist sicherlich von den anderen europäischen Parteien die, die uns am nächsten ist«, ergänzt AfD-Co-Bundessprecher Jörg Meuthen (Welt 2017b). Für Georg Pazderski, stellvertretender Vorsitzender der AfD und Landesvorsitzender der Partei in Berlin, ist es »ein toller Erfolg für die FPÖ, auch wenn wir natürlich gehofft hatten, sie würde stärkste Kraft werden« (ORF 2017a). Der Vorsitzende der AfD in Baden-Württemberg, Ralf Özkara, schreibt gar von einem »fulminanten Wahlsieg« (Özkara 2017). Die Begeisterung der AfD sollte nicht verwundern. Immerhin bildet sie seit Februar 2016 mit der FPÖ sogar die »Blaue Allianz«. Regelmäßig treten Redner*innen der FPÖ bei Veranstaltungen der AfD auf, auch FPÖ-Chef Heinz-Christian Strache ist ein gern gesehener Gast. Beim politischen Aschermittwoch 2017 der AfD darf er laut dem Rechtsaußen-Blatt »Junge Freiheit« davon schwärmen, wie wichtig AfD und FPÖ für Deutschland, Österreich und Europa seien (Paulwitz 2017).

Doch auch aus anderen Ländern kommen Glückwünsche. So gratuliert etwa Marine Le Pen, Vorsitzende des französischen Front National, sofort nach der Wahl via Twitter (ORF 2017a). Die belgische FPÖ-Schwesterpartei Vlaams Belang ist ebenso entzückt vom Wahlausgang wie der britische EU-Abgeordnete Nigel Farage von UKIP (DÖW 2017).

Die umfassende Begeisterung ist nicht unbegründet. Die FPÖ ist Anfang des Jahres 2018 die mit weitem Abstand stärkste extrem rechte Partei Westeuropas. Und es geht dabei keineswegs nur darum, dass sie seit Dezember 2017 gemeinsam mit der konservativen Österreichischen Volkspartei (ÖVP) die österreichische Bundesregierung bildet. Ihr Einfluss ist viel größer, als ihre Wahlergebnisse im Oktober 2017 ausdrücken. Beim später aufgehobenen Wahlgang zur Bundespräsidentschaftswahl im Mai 2016 hätte die FPÖ in der Stichwahl mit 49,7% sogar fast die absolute Mehrheit der Wahlberechtigten in Österreich erzielt. Zu Beginn des Jahres 2018 sitzt die Partei in zwei von neun Landesregierungen. In Oberösterreich bildet sie die Regierung gemeinsam mit der ÖVP, im Burgenland gemeinsam mit der Sozialdemokratie. Die FPÖ sitzt in den Stadtregierungen von Graz und Linz, der zweit- und drittgrößten Stadt des Landes. In Graz koalieren die Freiheitlichen mit der »schwarzen« ÖVP, in Linz sind sie in einer De-facto-Koalition mit der »roten« SPÖ. In Wels, der achtgrößten Stadt des Landes, stellt die FPÖ den Bürgermeister. Die rechtsextreme FPÖ[1] ist also in Österreich breit anerkannt und sowohl für Konservative als auch für die Sozialdemokratie eine legitime Koalitionspartnerin. Kein Wunder also, dass Europas extreme Rechte die FPÖ feiern. Doch wie konnte es soweit kommen? Und wofür steht die Freiheitliche Partei?

Gründung und Aufstieg

Gegründet wurde die FPÖ 1949 als Verband der Unabhängigen (VdU). Offiziell wollte der VdU das »Dritte Lager« repräsentieren, die Deutschnationalen – neben Sozialdemokratie und der christlich-konservativen Rechten die dritte wesentliche politische Strömung des Landes. Dieser Anspruch gilt bis heute. Was dabei allerdings oft verschwiegen wird: Das deutschnationale Lager ging im Verlauf der 1930er Jahre fast geschlossen zur NSDAP über. Dementsprechend waren bereits an der Gründung des VdU zahlreiche führende NS-Kader beteiligt. Die Partei war das Auffangbecken jener Nazis, die der Bewegung auch nach 1945 treu bleiben wollten.

Nach einem Prozess von Spaltungen und Vereinigungen wurde 1955/56 schließlich die FPÖ gegründet. Der Gründungsparteitag stand unter dem Motto »Glaube – Treue – Opferbereitschaft«, ein klares Signal an die Nazi-Basis (Narodoslawsky 2010: 10). Nach dem Einzug der AfD in den Deutschen Bundestag im September 2017 bezog sich FPÖ-Chef Heinz-Christian Strache genau auf diese Entwicklung: Wie der VdU wäre die AfD »eine Partei, die sich in den Geburtswehen befindet«, zum Vergleich »müssten Sie jetzt in das Jahr 1949 bei der FPÖ oder beim VdU zurückgehen«. Die AfD hätte noch viel Entwicklung vor sich, »auch noch viel an interner Bereinigung und Geschlossenheit«, so Strache (Kurier 2017a).

Der Verband der Unabhängigen hatte neben seiner NS-Affinität aber noch ein weiteres bedeutendes Merkmal: seine klare pro-kapitalistische Ausrichtung. Von Beginn an war die Partei klassisch wirtschaftsliberal, anti-staatswirtschaftlich und kämpfte für eine Leistungsgesellschaft (Rathkolb, zitiert nach

[1] Im österreichischen Diskurs wird die Verwendung des Begriffs »rechtsextrem« für die FPÖ in Abgrenzung zu Abschwächungen wie »rechtspopulistisch« verstanden. Basis für die Verwendung ist die breit anerkannte Rechtsextremismus-Definition von Willibald Holzer/Dokumentationsarchiv des österreichischen Widerstandes (Holzer 1994: 12ff.).

Wolfram 1994: 150). Finanziert wurde der Aufbau des VdU vor allem von Teilen der Industrie in Oberösterreich und Südösterreich (Kraus, zitiert nach Wolfram 1994: 150). Dieser Ausrichtung entsprach auch die Basis von VdU/FPÖ: das elitär-bürgerlich-burschenschaftliche Milieu, deutschnationale (oft protestantische) Schichten im bäuerlichen Raum, dörfliche und kleinstädtische Eliten, industrielle Finanziers sowie Freiberufler*innen, höhere Beamt*innen und kleine Selbstständige.

Die Haider-FPÖ und der Haider-Klon Strache

Bis 1986 blieb die FPÖ eine rechtsextreme Honoratiorenpartei, die bei nationalen Wahlen meist zwischen 5% und 7% der Stimmen erhielt. Ab dann änderte sich die Situation allerdings gewaltig. In vielen Ländern Westeuropas konstituierten sich ab Ende der 1970er Jahre neue Wahlprojekte der extremen Rechten. In Österreich übernahm 1986 der Burschenschafter Jörg Haider die FPÖ und machte aus der deutschnationalen Altherren-Runde eine schlagkräftige moderne Rechtsaußen-Partei.

Die wesentlichen Themen: Rassismus, Kritik am Parteienstaat und der Kampf gegen angebliche »Sozialschmarotzer«. Vermischt wurde das mit oftmals sozial-radikalen Slogans, die in der tatsächlichen Politik der FPÖ allerdings keinen Niederschlag fanden.

Im Gegenteil: 1993 publizierte Jörg Haider sein Buch »Die Freiheit, die ich meine«. Es ist ein Plädoyer für einen neoliberalen Nachtwächter-Staat nach dem Muster von Ronald Reagan und Margaret Thatcher. Die Politik müsse die Bürger*innen »auf die Notwendigkeit von Opfern« vorbereiten, ein Abschied vom »totalen Versorgungsstaat« sei unvermeidbar. Haiders Feindbilder: »Die Faulen, die Nichtstuer, die Sozialschmarotzer und Tagträumer« (Haider 1993: 153ff.). Haider war schnell der neue Darling in Österreichs industriellen Kreisen, die Partei bekam Geld und Unterstützung (Der Standard 2000). Gleichzeitig konnte sie mit einer Mischung aus Rassismus, scheinbarer Sozialradikalität und rechter EU-Kritik immer mehr Wähler*innen zuerst der ÖVP, dann auch der Sozialdemokratie an sich binden.

Im Februar 2000 war es schließlich soweit: Die erste »schwarz-blaue« Koalition von ÖVP und FPÖ wurde gebildet. Für Jene, die auf soziale Verbesserungen gehofft hatten, war das Ergebnis ernüchternd. Es kamen umfangreiche Rentenkürzungen, die bis heute nachwirken. Für Lehrlinge wurden die Arbeitszeit-Regelungen verschlechtert, auch Studiengebühren wurden eingeführt. Unternehmenssteuern hingegen wurden drastisch gesenkt. Schließlich wurden große Teile des Vermögens der Republik privatisiert – Korruption dürfte dabei allgegenwärtig gewesen sein. Nach dem Ende von Schwarz-Blau I kam es zu zahlreichen Prozessen gegen höchste Funktionär*innen von FPÖ und ÖVP.

Für viele Funktionär*innen der FPÖ dürfte Schwarz-Blau I also eine durchaus lukrative Zeit gewesen sein. Ganz anders sah die Situation für die Partei insgesamt aus. Die FPÖ verlor dramatisch an Wähler*innen, den überwiegenden Teil fing die ÖVP auf. Schließlich folgten mehrere Spaltungen, sogar Obmann Haider verließ die Partei und gründete das offen neoliberal aufgestellte Bündnis Zukunft Österreich (BZÖ) – das später allerdings wieder fast vollständig in der FPÖ aufging. Es ist eindeutig: Die Partei hat in der Opposition die soziale Frage gestellt, doch an der Regierung konnte sie sie nicht beantworten.

Nachdem Haiders Stern verglüht (und er selbst 2008 betrunken bei einem Autounfall stirbt), präsentiert die FPÖ mit Heinz-Christian Strache einen neuen Hoffnungsträger. Die Strache-FPÖ distanziert sich in der Opposition wortreich von der Politik unter Schwarz-Blau. Themen und Rhetorik gleichen der Haider-FPÖ vor dem Jahr 2000. Als eigenständige Schöpfung entsteht das Motto »Die soziale Heimatpartei«. In Wahlkämpfen tritt die FPÖ mit Slogans wie »Soziale Wärme statt EU für Konzerne« auf. Heinz-Christian Strache, Burschenschafter wie Haider, inszeniert sich als nationaler Che Guevara, komplett mit (blauem) Stern auf dem Barett. Gerne betont die FPÖ in der Öffentlichkeit auch den Begriff »Fairness«. Doch dahinter verbirgt sich Überraschendes. »Unfair« wäre etwa, so Strache in einem Video zur Nationalratswahl 2017, die Einführung von Erbschaftssteuern. Sein Kampf gegen diese Steuer für Vermögende sei »soziale Gerechtigkeit« (FPÖ TV 2017).

Fairness für Reiche sowie Hausbesitzer*innen und Zerschlagung des Sozialstaats

Im Regierungsprogramm für die Jahre 2017 bis 2022, auf das sich ÖVP und FPÖ verständigt haben, findet sich der Begriff Fairness ebenfalls. In älteren Wohnhäusern sollen nach den Wünschen der beiden Parteien höhere Mieten möglich sein, begründet wird das mit der »Herstellung fairer Verhältnisse« (ÖVP und FPÖ 2017: 48). Festgelegt ist die politische Linie der FPÖ in mehreren programmatischen Texten. Besonders relevant ist dabei das »Handbuch freiheitlicher Politik« aus dem Jahr 2013, die zentrale inhaltliche Grundlage der Partei. Ebenfalls beachtenswert ist das aktuelle Wirtschaftsprogramm der FPÖ aus dem Jahr 2017, ein klassisch neoliberaler Forderungskatalog.

Programme und programmatische Aussagen der FPÖ zeigen dabei ein klares Bild. So hätten etwa »Berufsarbeitslose« keinerlei Unterstützung mehr verdient (FPÖ 2013: 117). Für Migrant*innen solle es überhaupt keine Arbeitslosenversicherung mehr geben (FPÖ 2013: 113). Davon wären rund 15% der österreichischen Bevölkerung betroffen, die so potenziell in existenzielles Elend getrieben und gleichzeitig zu Lohndrücker*innen am Arbeitsmarkt gemacht würden. Gekürzt werden solle etwa im Gesundheitsbereich, im Sozialbereich und beim öffentlichen Verkehr. Das Arbeitsrecht solle eingeschränkt werden, unter anderem auch für Lehrlinge (FPÖ 2013, FPÖ 2017). Klimaschutzmaßnahmen wären unwesentlich, der menschengemachte Klimawandel wird infrage gestellt – wobei der Verdacht besteht, dass es hier auch um ein Entgegenkommen an die Automobil- und Stahlindustrie geht (Bonvalot 2017a).

Der stellvertretende Parteichef Manfred Haimbucher erklärt die Linie der Partei in einem Fernseh-Interview anlässlich der Präsentation des Wirtschaftsprogramms sehr offen: »Natürlich kann man auch im Sozialbereich einsparen.« (Bonvalot 2017b)

Es geht der FPÖ allerdings nicht nur um einzelne Kürzungen. Auf Basis ihrer Programme muss gemutmaßt werden, dass sie Größeres im Sinn hat. Regelmäßig trommelt die FPÖ etwa für eine Senkung der Abgabenquote, also des Anteils von Steuern und Sozialabgaben an der Wirtschaftsleistung. FPÖ (und ÖVP) wollen eine Senkung der Abgabenquote auf 40% (ÖVP und FPÖ 2017: 125); im Jahr 2016 betrug dieser Wert 42,7% (Wiener Zeitung 2017). Bei den Steuern, die wegfallen sollen, geht es zum großen Teil um Unternehmenssteuern, laut Parteichef Strache könnten dem Staat dadurch bis zu 16 Milliarden an Einnahmen entgehen (ORF 2017b).

Zusätzlich erklärt er im Mai 2017, dass eine »Staats- und Verwaltungsreform« bereits »mittelfristig zwölf Milliarden Euro pro Jahr« bringen solle (Kurier 2017b). Dabei geht es vor allem um Kürzungen im öffentlichen Dienst. Um diese Summen in Relation zu bringen: Das gesamte Bundesbudget Österreichs beträgt 2017 rund 77,6 Milliarden Euro, inklusive aller Aufwendungen des Gesamtstaates für Sozialleistungen, Bildung, Arbeitsmarkt, Gesundheit oder Pensionen (Die Presse 2016). Wenn hier die von der FPÖ geforderten Summen wegfallen, ist der Sozialstaat in seiner heutigen Form schlichtweg nicht mehr aufrecht zu erhalten.

Insbesondere das Wirtschaftsprogramm 2017 wurde weithin als Bewerbungsschreiben der FPÖ für eine schwarz-blaue Koalition verstanden. Adressaten waren neben der ÖVP die mit ihr eng verbundenen industriellen und wirtschaftlichen Eliten. Und tatsächlich ist die (wirtschaftliche) Programmatik der beiden Parteien erstaunlich ähnlich. Für Teile der FPÖ-Wähler*innenbasis kam das Regierungsprogramm allerdings überraschend, bereits kurz nach der Regierungsbildung machte sich Unruhe breit. Insbesondere die geplante Erhöhung des Regelarbeitstages auf zwölf Stunden und die Umwandlung von Teilen des Arbeitslosengeldes in ein Hartz-IV-Modell nach deutschem Vorbild erregten Unmut bei den Wähler*innen. Wiederholt musste Heinz-Christian Strache auf seiner Facebook-Seite ausrücken und die Gemüter beruhigen.

Es könnte nicht die letzte Aufregung sein. So soll etwa im öffentlichen Dienst nur noch jede dritte Planstelle nachbesetzt werden. Auch viele andere FPÖ-Programmpunkte (die sich im Regierungsprogramm wiederfinden) könnten für Unruhe sorgen, etwa Verschärfungen für Arbeitslose, Verschlechterungen im Mietrecht oder die Anhebung des faktischen Pensionsantritts. Die Reichsten der Gesellschaft hingegen profitieren von Schwarz-Blau: So sollen die Abgaben für Unternehmen in substantiellem Ausmaß gesenkt werden (ÖVP und FPÖ 2017).

Wie stabil ist neoliberal?

Was die FPÖ an der Regierung umsetzen möchte, entspricht genuin den wirtschaftsliberalen Positionen der FPÖ (siehe hierzu ausführlicher Bonvalot 2017d). Diese haben sich seit den Zeiten von Haiders »Die Freiheit, die ich meine« im Kern nicht geändert. Innerhalb der Partei dürfte der neoliberale Kurs auch weitgehend unumstritten sein. Im Gegensatz zu Schwarz-Blau I, wo die Haider-FPÖ auch von zahlreichen Glücksrittern geprägt war, dominiert heute der ideologisch gefestigte burschenschaftliche Kaderkern die Partei (Bonvalot 2017c). Parallel und teils verschränkt arbeiten im Hintergrund neoliberale Think Tanks, etwa das nach einem erklärten Sympathisanten des chilenischen Faschismus benannte »Friedrich A. von Hayek-Institut« (Bonvalot 2017d: 76ff.). Die FPÖ hat ausführliche Programme verabschiedet, die die jetzige Ausrichtung von Schwarz-Blau II innerparteilich vorbereitet haben.

Diese programmatische Grundlage wird auch international wahrgenommen. So lobt der frühere bayerische AfD-Landesvorsitzende und jetzige Bundestagsabgeordnete Petr Bystron »die Summe der Gemeinsamkeiten« mit der FPÖ, mit ihr und anderen »wirtschaftsliberalen und wertkonservativen Parteien« möchte er gern zusammenarbeiten (Der Standard 2016). Den Wähler*innen wurde all das schlichtweg anders verkauft. Die »Soziale Heimatpartei« war das Werbemittel für die breite Masse. Diesen Widerspruch wird die FPÖ nun erklären müssen – und es ist gut möglich, dass das Experiment Schwarz-Blau II ähnlich endet wie Schwarz-Blau I, nämlich mit einer völlig geschwächten FPÖ.

Das bedeutet allerdings keineswegs automatisch, dass diese Stimmen nach »links« gehen: Unter der ersten ÖVP-FPÖ-Koalition profitierten vor allem die ÖVP sowie die Haider-Abspaltung BZÖ vom Niedergang der Blauen. Und sogar am Ende dieser Ära im Jahr 2006 hätte die ÖVP gemeinsam mit FPÖ und BZÖ noch eine Mehrheit im Parlament gehabt. Das ist kein Novum: Bereits seit 1983 und bis inklusive 2017 hatten Parteien rechts von Sozialdemokratie und Grünen bei allen Parlamentswahlen eine Mehrheit.

Die soziale Frage stellen

Für die Stabilität der FPÖ stellt die soziale Frage ein zentrales Problem dar. Die Partei könnte versuchen, vor allem über die Themen Sicherheit und Migration entgegenzuwirken – nicht umsonst haben sich die Freiheitlichen bei Schwarz-Blau II sowohl das Innen- als auch Verteidigungsministerium gesichert. Die Strategie könnte aufgehen, rassistische Positionen sind in der Bevölkerung weithin akzeptiert. Dazu beigetragen hat auch die jahrelange Politik der Gewerkschaften und der Sozialdemokratie. Jörg Haider konnte bereits Anfang der 1990er Jahre den SPÖ-Innenminister Franz Löschnak als seinen »besten Mann in der Regierung« bezeichnen. Es war die Sozialdemokratie, die 2016 eine Obergrenze für die Aufnahme von geflüchteten Menschen durchsetzte, auf Länderebene koaliert sie ohnehin selbst mit den Freiheitlichen.

Nach dem Verlust der Regierungsverantwortung versucht die Sozialdemokratie sogar teilweise, die FPÖ rechts zu überholen. So kritisiert die SPÖ die FPÖ etwa Anfang 2018 dafür, dass sie »150.000 zusätzliche Zuwanderer ins Land« holen wolle (SPÖ 2018). Der SPÖ-Bundesgeschäftsführer erklärt gar, dass Haider »heute wahrscheinlich SPÖ wählen würde« (Die Presse 2018). Damit hat die FPÖ ein wesentliches Ziel erreicht: Wenn Parteien streiten, wer rassistischer wäre, diskutieren sie auf dem Terrain der FPÖ. Doch beim Thema Rassismus, das haben die vergangenen 30 Jahre gezeigt, ist die FPÖ immer glaubwürdiger als ihre Nachahmer.

Weit schwieriger wäre es für die FPÖ wohl, eine sozialpolitische Auseinandersetzung zu gewinnen, wenn sie glaubwürdig von links herausgefordert würde. Damit wäre der Kampf um die Köpfe noch nicht gewonnen – sozial enttäuschte Rassist*innen sind immer noch Rassist*innen. Doch es könnte der Beginn einer Diskussion sein. Eine politische Kraft, die eine solche Diskussion erfolgreich führen könnte, müsste zweifellos selbst absolut integer sein, also an keinerlei Kürzungen beteiligt. Die kommenden Jahre werden zeigen, ob antifaschistische und linke Kräfte in Österreich eine solche Kraft herausbilden können.

Literatur

Bonvalot, Michael (2017a): Warum die FPÖ den Klimawandel in Frage stellt, in: VICE.com, 9.10.2017.
Bonvalot, Michael (2017b): FP-Haimbuchner will »natürlich im Sozialbereich sparen« in: bonvalot.net, 30.8.2017.
Bonvalot, Michael (2017c): Biertonnen, Terror und Faschismus, in: fm4.orf.at, 30.1.2017.
Bonvalot, Michael (2017d): Die FPÖ – Partei der Reichen, Wien.
Der Standard (2000): Haiders blaue Kassen, 13.11.2000.
Der Standard (2016): Deutsche AfD und FPÖ beschließen Zusammenarbeit, 18.2.2016.
Die Presse (2016): Nationalrat: Budget 2017 beschlossen – höheres Defizit, 24.11.2016.
Die Presse (2018): SPÖ kontert Strache: »Kreisky würde sich im Grabe umdrehen«, 13.1.2018.
DÖW (2017): »Vorwärts in die neue Zeit!«, Neues von ganz rechts – Oktober 2017, in: doew.at.
FPÖ (2013): Handbuch freiheitlicher Politik. Ein Leitfaden für Führungsfunktionäre und Mandatsträger der FPÖ. 4. Aufl. Wien.
FPÖ (2017): Fairness. Freiheit. Fortschritt. Das freiheitliche Wirtschaftsprogramm. Wien.
FPÖ TV (2017): Ich sage es für Euch.
Haider, Jörg (1993): Die Freiheit, die ich meine, Frankfurt a.M./Berlin.
Holzer, Willibald (1994): Rechtsextremismus. Konturen, Definitionen und Erklärungsansätze in: DÖW, Handbuch des österreichischen Rechtsextremismus, Wien.
Kraus, Herbert (1988): Untragbare Objektivität. Politische Erinnerungen 1917-1987, S. 194, zitiert nach: Wolfram, Herwig (Hrsg.) (1994): Österreichische Geschichte 1890-1990, Wien.
Kurier (2017a): Strache vergleicht AfD mit FPÖ-Vorgängerpartei, 25.9.2017.
Kurier (2017b): FPÖ gegen Erbschafts-, Vermögens- und Maschinensteuer, 23.5.2017.
Narodoslawsky, Benedikt (2010): Blausprech, Graz.
ORF (2017a): Viel Lob und vereinzelte Kritik nach Wahl, 16.10.2017.
ORF (2017b): FPÖ-Wirtschaftsprogramm widmet sich »Fairness«, 23.8.2017.
ÖVP und FPÖ (2017): Zusammen. Für unser Österreich. Regierungsprogramm 2017-2022.
Özkara, Ralf (2017): Fulminanter Wahlsieg der FPÖ: Rechtsruck in Österreich – Gut so!, in: Facebook, 16.10.2017.
Paulwitz, Michael (2017): »Blaue Allianz« beim Politischen Aschermittwoch, in: Junge Freiheit, 1.3.2017.
Rathkolb, Oliver (1986): NS-Problem und politische Restauration: Vorgeschichte und Etablierung des VdU, S. 73-99, zitiert nach: Wolfram, Herwig (Hrsg.) (1994): Österreichische Geschichte 1890-1990, Wien.
SPÖ (2018): Max Lercher: Die FPÖ holt 150.000 Zuwanderer ins Land, 14.1.2018.
Welt (2017a): Regierungsbildung in Österreich nach Rechtsruck bei Wahl mit Spannung erwartet, 16.10.2017.
Welt (2017b): AfD erfreut über starkes Abschneiden von FPÖ in Österreich, 16.10.2017.
Wiener Zeitung (2017): Abgabenquote in Österreich 2016 stark gesunken, 23.11.2017.

David Begrich

Die AfD als Stimme ostdeutscher Volksinteressen?

Die politische Kultur Deutschlands in Ost und West als gespalten zu beschreiben, gilt als überholt. In Politik und Medien heißt es, der Prozess der inneren Einheit sei abgeschlossen, für die nach der Wiedervereinigung geborene Generation spielten Unterschiede keine Rolle mehr. Aber 28 Jahre nach der Wiedervereinigung gibt es erhebliche Unterschiede sowohl im kollektiven Selbstverständnis als auch bei den ökonomischen und sozialen Lebensbedingungen. Es hat sich eine ostdeutsche Identität herausgebildet, die zwar nur noch wenig mit der DDR-Vergangenheit, umso mehr jedoch mit dem Jahrzehnt nach der Wiedervereinigung 1990 zu tun hat. So zeigen soziologische Studien, dass die jeweilige Lebenswirklichkeit in Ost- und Westdeutschland nach wie vor unterschiedlich gedeutet wird (vgl. Holtmann 2015). Überdeutlich wird die Ost-West-Differenz im Hinblick auf das Wahlverhalten bei der zurückliegenden Bundestagswahl. In allen ostdeutschen Bundesländern erzielte die AfD zweistellige Ergebnisse (Bundestagswahl 2017).

Unmittelbar nach der Bundestagswahl stand deren Ergebnis in Ostdeutschland kurzzeitig im Fokus von Medien und Politik. Die Debatte um spezifisch ostdeutsche Ursachen des Wahlerfolgs fand in der breiten Öffentlichkeit jedoch kaum eine Vertiefung. Diese ist allerdings für das Verständnis des bundesweiten Erfolgs der Partei nicht zuletzt deshalb von Bedeutung, weil die Partei ihren Aufstieg wesentlich jener Verschiebung der politischen Kultur nach rechts verdankt, die in Ostdeutschland begann.

Die besonderen ostdeutschen Voraussetzungen des Erfolgs der AfD zu benennen, bedeutet nicht, zu negieren, dass es in Regionen Westdeutschlands ebenso Prozesse der Entfremdung von der Demokratie gibt. Vielmehr geht es darum zu verstehen, dass der Erfolg der AfD in den neuen Ländern auf anderen Voraussetzungen fußt als jener in Westdeutschland. Dies ist für die Frage der Gegenstrategien von Belang. Die Ergebnisse der zurückliegenden Wahlen zeigten, dass zivilgesellschaftliche Kampagnenformate, die in westdeutschen Metropolen eine hohe Reichweite und Akzeptanz finden, in den neuen Bundesländern kaum Wirkung entfalten – zum einen weil die avisierten Milieus in Ostdeutschland so nicht existieren, zum anderen weil die wichtige Gruppe der unentschlossenen Nicht-Wähler nicht erreicht wurde.

Der Osten ist anders? – Facetten einer ostdeutschen politischen Kultur

Kollektive ostdeutsche Erfahrungshorizonte, die sich aus der DDR und aus der Nach-Wendezeit herleiten, finden in der von westdeutschen Deutungsvorlagen dominierten Öffentlichkeit als Nostalgie oder Exotik, nicht jedoch als Teil eines gesamtdeutschen Selbstverständnisses Widerhall. Es sind u.a. folgende Faktoren einer deutlich unterschiedlichen politischen Kultur Ostdeutschlands, die in Westdeutschland nur ausschnitthaft erfasst werden.

Reale und wahrgenommene ökonomische Benachteiligung

Soziale Zurücksetzung wird über die soziale Lage oder das tatsächliche Einkommen ebenso erfahren wie über den Vergleich mit dem Status anderer. Die allseits gesellschaftlich erwartete Leistungsbereitschaft kann von Menschen, die seit der Wiedervereinigung vielfache biografische und berufliche Umbrüche erlebten, nicht durch soziale Anerkennung ausgeglichen werden. Das starke Einkommensgefälle und die langfristigen Folgen von Niedriglohn oder der Bezug von Hartz IV wirken sich negativ auf die Möglichkeiten gesellschaftlicher Teilhabe aus. Effekte des regionalen Strukturwandels der Arbeitswelt sorgen dafür, dass Menschen, deren sozialer Status und berufliche Qualifikation prekär sind, Migranten als Konkurrenten beim Zugang zu Wohnraum und Arbeit erleben.

Kulturelle Entfremdung

Die Wähler der AfD artikulieren in stärkerem Umfang als die Wähler anderer Parteien eine Entfremdung gegenüber der politischen Kultur des Landes. Sie sehen sich stigmatisiert durch moralische Diskurse, die ihnen die Plausibilität rechter und rassistischer Weltbilder bestreiten. Von der Rezeption der »klassischen« Medien und der etablierten politischen Kultur haben sich diese Menschen in eine Parallelöffentlichkeit verabschiedet, in der sie von Einsprüchen gegen den Kreislauf der Selbstbestätigung rechter Narrative nicht mehr erreicht werden. Ausgeprägt artikuliert wird diese kulturelle Entfremdung von der Alterskohorte der 45- bis 65-Jährigen. Ihre biografischen Erfahrungen und kulturellen Prägungen in der DDR und der unmittelbaren Nachwendezeit sind es, die in einer von westdeutschen Akteuren geprägten öffentlichen Debatte nicht vorkommen. Diese Gruppe erfährt sich in Medien und Politik ohne Repräsentation und sieht ihre Lebenserfahrungen als entwertet an. Stärkste Gruppe der AfD-Wähler im Osten sind Männer der mittleren Generation.

Abwanderung

Die Abwanderung junger und gut qualifizierter Menschen – vor allem Frauen – aus ostdeutschen Regionen hat Auswirkungen auf die kulturelle und soziale Mobilität und Offenheit der verbleibenden Menschen. Der Rückgang sozialer und kultureller Infrastruktur verstärkt die Abwärtsspirale aus Abwanderung und Arbeitslosigkeit und hinterlässt bei den Bewohnern dieser Regionen den Eindruck des »Abgehängt-Seins« und das Gefühl von Handlungsohnmacht gegenüber den Prozessen gesellschaftlichen Wandels. In der Folge verödet der öffentliche Raum. In Regionen wie der Uckermark (Brandenburg) kommt die gesellschaftliche Dynamik der gesamten Region zum Erliegen.

Krise männlicher Sozialisation und der Arbeitsgesellschaft

Die Transformationsgesellschaft der 1990er Jahre brachte über die völlige ökonomische Umstrukturierung der Wirtschafts- und Erwerbsformen in den ostdeutschen Bundesländern eine Krise der Arbeitsgesellschaft und der männlichen Sozialisation mit sich. Insbesondere die bis dahin mit hohem Prestigeerwerb verbundene männlich dominierte, harte körperliche Arbeit als gesellschaftliches Leitbild fand sich völlig entwertet. Für die Generationen, die in den 1990er Jahren mitten im Erwerbsleben standen, bedeutete dies den Verlust ihrer beruflichen Lebensperspektive. Die Generation Jugendlicher und junger Erwachsener orientierte sich nicht ohne Grund am männlich-gewalttätigen Habitus einer rasant nach rechts driftenden Skinhead-Kultur, die über ein Jahrzehnt hinweg die jugendkulturelle Sozialisation in vielen Regionen Ostdeutschlands bestimmte.

Demokratieskepsis und spezifisch ostdeutsche Erfahrungshorizonte

Die in Ostdeutschland verbreitete Demokratieskepsis ist vielfach belegt (vgl. Zick 2016). Anzutreffen ist eine im Vergleich mit Westdeutschland erhöhte Zustimmungsbereitschaft zu rechtsautoritären, rassistischen und antidemokratischen Politikkonzepten. Dies schlug sich vor den Wahlerfolgen der AfD in den Ländern und im Bund bereits in den Wahlergebnissen rechtsextremer Parteien wie DVU und NPD bei den Landtagswahlen der 1990er und 2000er Jahre nieder. Rassistische Mobilisierungen gegen Flüchtlinge und die damit einhergehenden Gewalttaten haben eine deutlich höhere Reichweite als im Westen.

Die Ursachen sind komplex. Sie lassen sich auf die Verfasstheit der ostdeutschen Transformationsgesellschaft der 1990er Jahre und auf spezifische Erfahrungen kollektiver Sozialisation zurückführen (vgl. Waibel 2017). Die ostdeutsche Transformationsgesellschaft der 1990er Jahre war durch einen umfassenden sozialen, ökonomischen und kulturellen Wandel gekennzeichnet, dessen Verlauf für mehrere Generationen der ostdeutschen Bevölkerung soziale Unsicherheit, berufliche Umorientierung, den zeitweisen oder dauerhaften Verlust eines Arbeitsplatzes und einen völligen Umbruch des Wertehorizonts mit sich brachte. In diesem Transformationsprozess gab es eine bis heute nachwirkende Phase des Übergangs, in der die Institutionen des neuen Staates Bundesrepublik zwar repräsentiert, aber noch nicht verankert waren. Dies galt für die Exekutive des Staates ebenso wie für Gewerkschaften, Parteien und andere Großorganisationen. Bis heute ist deren Organisationsgrad in Ostdeutschland deutlich niedriger als in Westdeutschland.

Zugleich sind die Erwartungen Ostdeutscher der mittleren Generation an die Lösungskompetenz der Politik in Bezug auf die individuelle Lebenssituation so hoch wie die Enttäuschung darüber, dass die Landes- und Bundespolitik dem Rückbau sozialer Infrastruktur in ländlichen und kleinstädtischen Regionen nichts entgegensetzt. Zudem fallen Löhne, Renten und Sozialleistungen im Osten nach wie vor geringer als in Westdeutschland aus. Von prekären Lebensverhältnissen sind in den neuen Ländern auch Milieus betroffen, die in der Werteskala sozialer Anerkennung als etabliert gelten. Die Frustration über das Ausbleiben konkret wirksamen politischen Handelns schlägt in eine autoritär konnotierte Verdrossenheit gegen die etablierten Parteien oder eine generelle Ablehnung des politischen Systems um.

Rassistische Protestformate: »Wir sind das Volk«

Der Erfolg der AfD in Ostdeutschland ist ohne die ihm vorausgehenden rassistischen Mobilisierungen gegen Flüchtlinge seit 2014 nicht erklärbar. Deren Schwerpunkt lag von Beginn an in den neuen Bundesländern. Bereits vor dem Aufstieg von Pegida zu einer rassistisch motivierten Protestbewegung mit bundesweiter Ausstrahlung bildeten sich in Ostdeutschland regionale rassistische Proteste, die unter dem Motto: »Nein zum Heim« zunächst in sozialen Netzwerken, später in Bürgerversammlungen und auf der Straße Druck auf die Lokal- und Landespolitik ausübten. Diese Protestformate mobilisierten Bevölkerungsgruppen, die von explizit neonazistisch auftretenden Akteuren nicht angesprochen werden konnten. Erst die bürgerliche Kostümierung des offenen rassistischen Ressentiments im Zusammenspiel mit der Artikulation einer diffusen, aber radikalen Haltung gegen »die Politik in Berlin« und die Person Angela Merkel verlieh dem Protest eine hohe Reichweite und brachte in Bezug auf den Diskurs um Flüchtlinge den angestrebten Erfolg.

Zu Ausgangspunkten regionaler rassistischer Mobilisierung wurden in den Jahren 2015 und 2016 nicht selten lokale Einwohnerversammlungen in den Kommunen, die die Unterbringung von Flüchtlingen thematisierten. Sie wurden von rechten Agitatoren als Plattform zur Initialisierung ihrer Kampagnen genutzt. Vertreter der NPD traten ohne Nennung ihrer Parteizugehörigkeit im Gewand angeblich betroffener Bürger auf. So entstanden in lokalen Öffentlichkeiten rechte Echoräume, in denen alle Probleme einer Kommune allein auf die Zuweisung von Flüchtlingen zurückgeführt wurden. Die Geschichte rassistisch motivierter Proteste seit den frühen 1990er Jahren in den neuen Bundesländern zeigt, dass anders als in Westdeutschland mit der Artikulation fremdenfeindlicher Einstellungen im Osten zugleich die Systemfrage gestellt wird.

Die Besonderheit ostdeutscher Proteste besteht darin, dass und wie sie sich auf die Tradition des Herbstes 1989 in der DDR beziehen. Mit dem Slogan »Wir sind das Volk« wurde von Pegida dessen zentrale Parole aufgegriffen und damit die kollektive Erfahrung erfolgreichen politischen Protests beschworen. Anders ausgedrückt: Die ostdeutsche Bereitschaft zum Protest gründet auf der Annahme, man müsse »unten« nur lange genug auf die Straße gehen, damit »die da oben« tun, was »unten« gewollt werde – eine genuin ostdeutsche Annahme, politische Interessenwidersprüche zum eigenen Zweck zu simplifizieren. In diesem Fall wurde damit zugleich die Legitimität des Protests gegen die Flüchtlingspolitik der Bundesregierung aus jenem in der Endphase der DDR hergeleitet. Wie damals gelte es, sich gegen ein Übermaß an politischer Gängelung von oben zu wehren.

Das von der AfD beständig wiederholte Phantasma, die Meinungsfreiheit in Bezug auf Themen wie Migration und Kriminalität sei heute in gleichem Maße reglementiert und von Zensur betroffen wie in der DDR, ist zu einem der zentralen rechten Narrative der letzten zwei Jahre aufgestiegen. Der Begriff der »Lügenpresse« hat vor dem Hintergrund der historischen Erfahrungen der Generation 40+ mit der Medienpolitik der DDR in Ostdeutschland einen besonderen Klang. Die Parallelisierung heutiger medialer Berichterstattung über Migranten mit der Propagandapraxis der DDR-Medien mag absurd erscheinen, bedient aber das Selbstbild eines Teils der AfD-Wähler; es seien nur die Ostdeutschen mit ihrer sprichwörtlichen Fähigkeit, »zwischen den Zeilen zu lesen«, die damals wie heute in der Lage seien, die Nachrichten in Zeitungen und Fernsehen als schönfärberische Propaganda zu dechiffrieren.

Die AfD in Ostdeutschland

Die westdeutschen Landesverbände der AfD sind zwar bei weitem mitgliederstärker, doch mit Björn Höcke und André Poggenburg kommen zwei medienwirksame Stimmen des völkischen Flügels der AfD aus dem Osten. Seit Gründung der Partei waren die Landesverbände Sachsen-Anhalt und Thüringen erkennbar auf dem rechten Flügel der AfD beheimatet. Aus ihrem Umkreis stammte die »Erfurter Resolution«, der erste Vorstoß der völkisch-nationalistischen Pressure-Group gegen die damalige AfD-Führung um Bernd Lucke. Die daraus entstandene »Patriotische Plattform« ging binnen zweier Jahre aus dem innerparteilichen Machtkampf zwischen dem national-konservativen und völkisch-nationalistischen Flügel der Partei als dominierende politische Kraft der AfD hervor. Das sommerliche Jahrestreffen der Plattform findet nicht irgendwo, sondern am Fuße des Kyffhäusers, an der Landesgrenze zwischen Sachsen-Anhalt und Thüringen statt. Nicht ohne Grund. Nationalistisch aufgeladene Mythen werden von AfD-Rednern gern zur Beglaubigung ihrer Ideologie herangezogen. Der Sage nach ruht im Kyffhäuser Kaiser Barbarossa bis zu seiner Wiederkehr am Tage, da Deutschland aus höchster Not gerettet werden muss. Und daran, dass sich die AfD als Retterin Deutschlands betrachtet, besteht kein Zweifel.

Die Partei stützt sich in den ostdeutschen Bundesländern auf ein neurechtes Netzwerk. Die Tagungen des in Sachsen-Anhalt ansässigen »Institut für Staatspolitik« sind für die ostdeutsche AfD ein Ort politischer Selbstvergewisserung, oder wie es Björn Höcke anlässlich einer Tagung am Sitz des Instituts in Schnellroda im November 2015 ausdrückte, ein Ort der »geistigen Regeneration« (Höcke 2015). Projekte, wie das nach eigenen Angaben »größte patriotische Netzwerk«, die Bürgerinitiative »Ein Prozent«, die es sich zur Aufgabe gemacht hat, rechte Bürgerinitiativen zu vernetzen, gehen auf die Initiative des Verlegers Götz Kubitschek zurück.[1] »Ein Prozent« leistet für die AfD im Parlament thematische und organisatorische Vorfeldarbeit und begleitet regionale außerparlamentarische Aktivitäten mit eigenständiger medialer Aufbereitung. Einen Teil ihrer Mitarbeiterschaft rekrutierten die AfD-Landtagsfraktionen im burschenschaftlichen Milieu, das ideologische Überschneidungen mit der extremen Rechten aufweist.[2]

In den ostdeutschen Länderparlamenten verfolgt die AfD ihre Agenda rechter Identitätsthemen. Neben Migration sind dies Demografie und Familie, aber auch Kultur und Bildung. In der parlamentarischen Praxis agiert die Partei in den Landtagen als Fundamentalopposition. Mittel hierfür sind die scharfe Polarisierung und die mediale Selbstinszenierung als vorgeblicher Anwalt kleiner Leute, wenn sie sich etwa lautstark für von Enteignung bedrohte ostdeutsche Garagenbesitzer einsetzt. Konkrete politische Schritte zu deren Gunsten unterlässt sie allerdings.

---

[1] Siehe hierzu den Beitrag von Anna-Lena Herkenhoff und Michael Barthel in diesem Band.

[2] Siehe hierzu den Beitrag von Ina Pallinger in diesem Band.

Darüber hinaus stellt die Partei in den Ländern Anträge, deren Thema nicht in die Zuständigkeit eines Landesparlamentes fällt. So beantragte die AfD-Fraktion in Sachsen-Anhalt, der Landtag möge einen Beschluss hinsichtlich der angeblich bevorstehenden Abschaffung des Bargeldes fassen (Landtag Sachsen-Anhalt 2016). Ziel solcher Anträge ist es, die vorhandenen Ängste vor einer Abschaffung des Bargeldes zu verstärken und die etablierten Parteien als »Altparteienkartell« zu denunzieren, das eine Politik gegen die Interessen der Mehrheit des Volkes durchsetze. Diese Vorgehensweise, über die Ablehnung ihrer teilweise fachlich wenig konsistenten Anträge im Parlament antiparlamentarische Ressentiments der Bürger zu bedienen, hat die AfD offenbar in den ostdeutschen Landtagen von der NPD in Sachsen und Mecklenburg-Vorpommern abgeschaut. Wie diese greift die AfD in den Landtagen Themen auf, die in der Bevölkerung hoch emotional besetzt sind, spitzt sie in polarisierender Absicht zu, um anschließend ein Versagen der Politik via soziale Medien an ihre Anhängerschaft zu kommunizieren. Inszenierte rhetorische Tabubrüche unter häufiger Bezugnahme auf das Vokabular des Nationalsozialismus garantieren den AfD-Vertretern in den Landtagen die Aufmerksamkeit regionaler Medien ebenso wie scharfe, persönliche Angriffe auf den politischen Gegner.

Seit ihrem Einzug war die Arbeit der AfD-Fraktionen in den ostdeutschen Ländern von Personalquerelen gekennzeichnet. Hier spielten nicht nur die ideologischen Metamorphosen der Partei im Prozess ihrer Radikalisierung eine Rolle. Ebenso bedeutsam für innerparteiliche Verwerfungen dürften die autoritären Führungsansprüche nach bedingungsloser Gefolgschaft durch Fraktionschefs wie Björn Höcke und André Poggenburg sein. Dies hatte Fraktionsaustritte und Ausschlüsse zur Folge. Zudem verfügen nur die wenigsten AfD-Mandatsträger über politische oder gar parlamentarische Erfahrung. Insgesamt führt dies zu einem unprofessionellen Erscheinungsbild der Fraktionen in den Medien. In der Wählergunst hat dies der AfD jedoch bislang nicht geschadet.

Westdeutsch sozialisierte Politiker und ostdeutsche Erfahrungen

Die neuen Bundesländer gelten der extremen Rechten seit langem als Traumland oder das deutschere Deutschland. Einer der Hauptgründe hierfür ist der geringe Migrantenanteil an der ostdeutschen Bevölkerung selbst in Städten wie Dresden und Leipzig. Schon Politiker der Ende der 1990er Jahre in Sachsen erfolgreichen NPD nahmen positiv Bezug darauf, dass sich in der ostdeutschen Gesellschaft Mentalitäten und soziale Praxen erhalten haben, die sie in Westdeutschland seit dem von rechts viel beklagten gesellschaftlichen »Kulturbruch«[3] 1968 schmerzlich vermissen. In der Tat steht soziale Homogenität in Ostdeutschland in zweifacher Hinsicht hoch im Kurs. Einerseits gibt es große Zustimmung für Vorstellungen von sozialer Gleichheit, andererseits einen hohen kulturellen und sozialen Konformitätsdruck, der seinen Ausdruck darin findet, lebensweltliche und kulturelle Normabweichung mit Diskriminierung und Assimilationsdruck zu sanktionieren. Dies wurde bereits gegenüber den migrantischen Vertragsarbeitern in der DDR deutlich und nachhaltig praktiziert (vgl. Kaelbe 1994).

Der nach der Wiedervereinigung vollzogene Elitenwechsel in Ostdeutschland hinterließ bei vielen Ostdeutschen den Eindruck einer westdeutschen »Besatzung« oder »Fremdherrschaft« (vgl. Engler 1997). Im kollektiven Bewusstsein älterer Ostdeutscher wird hier eine Erinnerung an die Sowjetunion aufgerufen, als in der DDR alle Bereiche des Lebens reglementierende Besatzungsmacht. Dieser gegenüber bedurfte es seitens der ostdeutschen Bevölkerung an reichlich Eigensinn und Erfindungsreichtum, um ihren Anweisungen auszuweichen oder sie zu unterlaufen. Zugleich erfasst der Begriff die Nach-Wende-Erfahrung einer Entwertung ostdeutscher Lebensleistungen und den Umbau der Gesellschaft ausschließlich entlang des westdeutschen Vorbilds.

Es erscheint zunächst abwegig, wenn westdeutsch sozialisierte Politiker wie Björn Höcke in ihren Reden erfolgreich auf der Klaviatur ostdeutscher Identitäten spielen. Die Erfahrungen mit Systemumbrüchen und beruflicher und biografischer Entwertung, denen Höcke Referenz erweist, sind im tatsächlichen oder auch nur imaginierten Erleben einer ostdeutschen Zuhörerschaft der AfD fest verankert. Diese spielt er nationalistisch, identitätspolitisch aufgeladen aus, wo er Ostdeutschland als Motor bevorstehender gesellschaftlicher Umwälzungen preist (vgl. Höcke 2018). Der westdeutsch sozialisierte Politiker Björn Höcke verfolgt mit seiner den Osten affirmierenden Rhetorik seine eigene ideologische Agenda und trifft zugleich den Ton ostdeutscher Identitätsdiskurse.

Ein Blick auf die Wahlergebnisse der Parteien in den neuen Bundesländern verweist neben kontinuierlichen Mehrheiten für liberal-konservative Regierungsbündnisse in den 1990er Jahren frühzeitig auf die hohe Volatilität ostdeutscher Wähler und ihre geringe Bindung an Parteien. Bei bis zu 15% der ostdeutschen Wähler ist seit der Wiedervereinigung die pragmatische Bereitschaft zu beobachten, durch eine nicht vorhersehbare Stimmabgabe einer Partei zum Erfolg zu verhelfen, um sie bei den nachfolgenden Wahlen wieder fal-

---

[3] So der Titel eines Buches des neurechten Theoretikers Karlheinz Weissmann (2017).

len zu lassen. In Sachsen-Anhalt hat dies sowohl die FDP[4] als auch die DVU[5] erlebt, die bei Landtagswahlen jeweils einmal ca. ein Viertel der Wählerstimmen erhielten, um bei den nachfolgenden Landtagswahlen wieder unter der 5%-Hürde zu bleiben. Vor den ersten Wahlerfolgen der AfD in den neuen Ländern war die Wahlbeteiligung bei den Landtagswahlen 2011 in Sachsen-Anhalt gesunken.

Fazit

Der AfD gelingt es partiell, ihre ideologische Agenda an ostdeutsche Erfahrungshorizonte rückzubinden und ihnen so Glaubwürdigkeit zu verleihen. Auf ein ostdeutsches Krisenbewusstsein antwortet sie mit reaktionären Identitätsdiskursen und Leitbildern. Die antimoderne Ideologie im Politikangebot der Partei weist eine Überschneidung mit den gesellschaftlichen Traditionen von Autoritarismus und Rassismus in den ostdeutschen Bundesländern auf. Die Partei will jene leeren Räume besetzen, welche andere Akteure hinterließen, als sie sich aus den ländlichen und kleinstädtischen Regionen Ostdeutschlands zurückzogen. Dabei setzt die AfD auf Heimatverbundenheit, die Reaktivierung regionalen Brauchtums und die Stärkung des unteren ostdeutschen Mittelstandes. Die Beschwörung von Vorrechten der Ostdeutschen gegenüber Migranten durch die AfD trifft in den neuen Ländern auf eine Debatte um soziale Gerechtigkeit mit Bezug auf Renten, Hartz IV und Kinderarmut. Die von der AfD betriebene Ethnisierung sozialer Widersprüche stellt somit eine direkte Herausforderung für den Zusammenhalt der Gesellschaft dar.

Wer die Reichweite des Politikangebots der AfD in Ostdeutschland begrenzen will, sollte die Spezifika ostdeutscher politischer Sprechräume berücksichtigen.

---

[4] Bei der Landtagswahl 2002 erhielt die FDP in Sachsen-Anhalt 13,3%; www.statistik.sachsen-anhalt.de/wahlen/lt02/index.html (29.1.2018)

[5] Bei der Landtagswahl 1998 erhielt die DVU in Sachsen-Anhalt 12,9%; www.statistik.sachsen-anhalt.de/wahlen/lt98/index.html (27.1.2018)

Literatur und Quellen

Bundestagswahl 2017: Ergebnisse Ostdeutschland mit Ostberlin; wahl.tagesschau.de/wahlen/2017-09-24-BT-DE/index-content.shtml

Engler, Wolfgang (1997): Die Ostdeutschen als Avantgarde, Berlin.

Höcke, Björn (2015): Asyl, eine politische Bestandaufnahme: Schnellroda 21.11.2015 www.youtube.com/watch?v=ezTw3ORSqlQ (24.1.2018)

Höcke (2018): In: AfD-Kreisverband Mansfeld-Südharz: Bürgerversammlung mit Björn Höcke. Eisleben 20. Januar 2018; www.facebook.com/733560983454533/videos/1273400146137278/ (24.1.2018)

Holtmann, Everhard (2015): Intergenerationelle Verständigung 25 Jahre nach dem Mauerfall, Halle (Saale).

Kaelbe, Hartmut (Hrsg.) (1994): Sozialgeschichte der DDR, Stuttgart.

Landtag Sachsen-Anhalt (2016): Drucksache 7/73 AfD Fraktion: Keine Einschränkung beim Bargeldverkehr 26.5.2016; www.landtag.sachsen-anhalt.de/fileadmin/files/drs/wp7/drs/d0073aan.pdf

Waibel, Harry (2017): Die braune Saat. Antisemitismus und Neonazismus in der DDR, Stuttgart.

Weissmann, Karlheinz (2017): Kulturbruch '68 : Die linke Revolte und ihre Folgen, Berlin.

Zick, Andreas u.a. (2016): Gespaltene Mitte. Feindselige Zustände, Bonn.

Karin Priester

Die AfD als Konkurrenz für die SPD?

Seit September 2017 ist die Alternative für Deutschland (AfD) mit 92 gewählten Abgeordneten im Bundestag vertreten. Mit 12,6% ist sie die drittstärkste Kraft im Parlament und überdies in 14 Landtagen präsent. Viele fragen sich, wie es zu diesem rasanten Erfolg hat kommen können. Zunächst ist festzuhalten, dass die AfD keine deutsche Besonderheit ist, sondern nur der Spätzünder eines allgemeinen Aufstiegs rechtpopulistischer Partei in Europa. Nachdem seit den 1970er Jahren die ersten, teilweise bis heute erfolgreichen rechtspopulistischen Parteien auftraten, gefolgt von weiteren Parteigründungen in den 1990er Jahren, schien es, als sei Deutschland eine Insel der Seligen ohne nennenswerte Partei(en) rechts von der CSU. Die rechtsextreme NPD war marginalisiert, kam über bescheidene Wahlergebnisse nicht hinaus und galt als »normale Pathologie von freiheitlichen Industriegesellschaften«, so die Soziologen Scheuch und Klingemann 1967. Der Politikwissenschaftler Frank Decker nannte noch 2012, nur ein Jahr vor der Gründung der AfD, eine Reihe von Gründen, warum Deutschland gegen das Anwachsen rechter Protestparteien bisher gefeit gewesen sei: die politische Kultur des Landes, die Verantwortung gegenüber der deutschen Geschichte, die Rolle der vormaligen PDS und heutigen Linkspartei bei der Absorption von sozialem Protest in den östlichen Bundesländern, wo sie teilweise die Dimensionen einer Volkspartei angenommen hatte (Decker 2012). Der Aufstieg der AfD ist also nur die nachholende Manifestation eines Anti-Establishment-Protests, der in anderen europäischen Ländern mitunter schon seit Jahrzehnten zu beobachten war.

I.

Bevor ich auf mein Thema und die darin enthaltene Frage eingehe, ob die AfD eine Konkurrenz zur SPD darstellt, sollen zunächst einige allgemeine Tendenzen benannt werden, die dem Aufstieg des Rechtspopulismus Vorschub leisten. Es ist allgemein bekannt, dass wir in einer Phase der Deindustrialisierung leben. Das Zeitalter der Großen Industrie, insbesondere der Schwerindustrie (Kohle, Eisen, Stahl), hat seinen Zenit überschritten und ist von einer Dienstleistungs- und Wissensgesellschaft abgelöst worden. Auch die riesigen Industriekonglomerate in der Autoindustrie, in den USA beispielsweise in Detroit, gehören der Vergangenheit an. Die deindustrialisierten Gebiete mit ihren Industriebrachen reichen von Nordengland über das nordfranzösische Département Pas-de-Calais, heute eine der Hochburgen des Front National, über das Ruhrgebiet mit überdurchschnittlich vielen AfD-Wählern bis hin zum norditalienischen Industriedreieck zwischen Mailand, Genua und Turin. Nach der Wiedervereinigung kamen in Deutschland die ehemaligen Industriegebiete im Süden Sachsen-Anhalts sowie die Werftindustrie oder aufgelöste Militärstützpunkte wie Peenemünde hinzu, wo die AfD 44,1% der Zweitstimmen bei der Landtagswahl 2016 erhielt.

Tausende von Arbeitsplätzen gingen verloren und mit ihnen ganze Lebensentwürfe und Identitätsmuster. Mit der Arbeitslosigkeit sank die Kaufkraft, der innerstädtische Handel erlahmte, der soziale Nahbereich wurde vernachlässigt, junge Menschen wanderten ab. »Abwicklung«, Deregulierung, Staatsabbau, individuelle Eigenverantwortung wurden zu Chiffren für die Hegemonie des Neoliberalismus seit den 1970er Jahren. Der Übergang von der Industrie- zur Dienstleistungsgesellschaft wurde begleitet vom Aufstieg eines Dienstleistungsproletariats (Heinz Bude), das die alte, industrielle Arbeiterklasse ablöste. Diese Prozesse hatten einen Preis, den vor allem Menschen im unteren Drittel der Gesellschaft zu zahlen hatten. Die Zukunftsgewissheit der Nachkriegszeit bis 1975 ist unter der Hegemonie des Neoliberalismus einer diffusen Zukunftsangst gewichen. »Wie ein verlassenes Schiff auf hoher See schlingern viele Arbeitnehmer durch das Erwerbsleben, sie sind äußeren Gewalten ausgeliefert und können selbst nicht mehr steuern.« (Nachtwey 2016: 140)

Auf politischer Ebene haben vor allem zwei Aspekte den Aufstieg rechtspopulistischer Protestparteien begünstigt: erstens die Ausweitung der EU und ihr technokratisches Krisenmanagement unter neoliberalem Vorzeichen, zweitens die Entwicklung nationalstaatlicher Parteien zu sogenannten Kartellparteien (Mair/Katz 1995). Noch in der Weimarer Verfassung wurden Parteien nicht erwähnt. Sie galten als zivilgesellschaftliche Vereinigungen, die als Mittler zwischen der gesellschaftlichen und der staatlichen Sphäre auftraten. Dagegen sind Parteien heute im Grundgesetz eigens erwähnte, mit bestimmten Aufgaben betraute Staatsorgane und genießen staatliche Finanzierung.

Der Sozialstaatskonsens (welfare consensus) nach dem Zweiten Weltkrieg, also die Überzeugung, dass sozialer Friede durch sozialstaatliche Sicherungssysteme garantiert werden müsse, wurde von allen staatstragenden Parteien akzeptiert und galt als Grundlage für soziale Gerechtigkeit und Fortschritt. Dieser Konsens im Grundsätzlichen bewirkte eine wachsende Angleichung der beiden großen, entideologisierten Volksparteien. Umfassende Gesellschaftsentwürfe traten in den Hintergrund zugunsten eines Pragmatismus des Machterwerbs. Politische Mehrheiten ließen sich, so hieß es, nicht durch Interessenvertretung einer Stammklientel gewinnen, sondern nur in der Mitte der Gesellschaft. Diese unspezifische Mitte entfaltete eine Sogwirkung, die den Keim zum Hegemonieverlust der beiden Volksparteien in sich trug.

Hat sich die CDU seit der Kanzlerschaft Angela Merkels zunehmend »sozialdemokratisiert«? Auch wenn davon nur bedingt die Rede sein kann, provozierte die Modernisierung der CDU an ihrem rechten Rand Kritik und schließlich Austritte. Viele Konservative fühlten sich von ihrer Partei nicht mehr repräsentiert. Alexander Gauland, heute Bundessprecher und Fraktionsvorsitzender der AfD, ist nur das bekannteste Beispiel für den Exodus ehemaliger CDU-Mitglieder. Sie formierten sich zu einer eigenen politischen Kraft jenseits der Grenze, die Franz-Josef Strauß einst nach rechts markiert hatte. Der Popularität Merkels tat dies zunächst wenig Abbruch. Die Verschleißerscheinungen ihrer Kanzlerschaft traten erst seit der Flüchtlingskrise und dem staatlichen Kontrollverlust im Herbst 2015 offen zu Tage.

Die Erosion der SPD hat dagegen längere Wurzeln und ist im Kontext eines generellen, teilweise dramatischen Bedeutungsverlusts der europäischen Sozialdemokratien zu sehen. Innerhalb von nur fünf Jahren stürzte die niederländische »Partei für die Arbeit« (PvdA) von 24,8% (2012) auf nur noch 5,7% 2017 ab und blieb damit meilenweit hinter dem Wahlergebnis des islamfeindlichen Rechtspopulisten Geert Wilders zurück. In Griechenland erlitt die ehemals führende sozialdemokratische Pasok erdrutschartige Einbußen zugunsten des linkspopulistischen Bündnisses Syriza. Der französische Kandidat der Reformlinken, Benoît Hamon, erhielt 2017 bei der Präsidentschaftswahl nur 6,3% der Stimmen. Bei der darauffolgenden Parlamentswahl fiel seine Partei auf 9,5% ab. Es war ihr schlechtestes Ergebnis seit Beginn der V. Republik 1958. Zahlreiche Parteimitglieder liefen ins Lager des liberalen Aufsteigers Emmanuel Macron über, der auch von führenden deutschen Sozialdemokraten unterstützt wurde. In Deutschland erzielte die SPD bei der Bundestagswahl 2017 ihr schlechtestes Ergebnis seit 1949. Die als sozialdemokratisch geltende italienische »Demokratische Partei« (PD) wurde von der populistischen Protestpartei der »Fünf Sterne« überrundet. Die sozialdemokratischen Parteien in Mittelosteuropa (Polen, Tschechien, Ungarn) sind, durchaus nicht schuldlos, hinter autokratischen, rechtspopulistisch auftretenden Parteien verblasst.

Entideologisierte Volksparteien, die nicht mehr die Kraft haben, sich alternierend abzulösen, fördern eine Konsenspolitik, die bei vielen den Eindruck von Alternativlosigkeit hervorruft. In Österreich haben die jahrzehntelangen großen Koalitionen zwischen der bürgerlichen ÖVP und der sozialdemokratischen SPÖ den Aufstieg der rechtspopulistischen FPÖ beflügelt, die sich erfolgreich als »dritte Kraft« und als Alternative zum »Parteienkartell« positionieren konnte. Große Koalitionen über mehrere Legislaturperioden schädigen nicht nur die auf Wechsel ausgerichtete Demokratie, sondern begünstigen auch andere negative Begleiterscheinungen wie Postenschacher, Pfründenproporz, Politik des Aushandelns hinter verschlossenen Türen, austauschbare Leerformeln bei Wahlkämpfen.

Es sei dahingestellt, ob das sozialdemokratische Zeitalter abgelaufen ist, wie der Soziologe Ralf Dahrendorf schon 1983 befand, oder ob sozialdemokratische Parteien mit der Anpassung an den neoliberalen Zeitgeist zwar gravierende, aber nicht existenzbedrohende Fehler gemacht haben. Die Hinwendung zur »neuen Mitte«, zu gut ausgebildeten, urbanen, kosmopolitischen Leistungsträgern, führte zur Vernachlässigung der sozialdemokratischen Kernklientel. Schwerer wiegt dagegen die strategische Kurzatmigkeit. Eine Partei, die ihre Handlungsimperative nur noch taktisch ausrichtet, führt nicht, sondern hinkt orientierungslos hinter Strömungen und Tendenzen hinterher und verliert die Diskurshoheit. Bezeichnete Alexander Gauland die AfD als Partei der »kleinen Leute«, trat auch der Kanzlerkandidat der SPD, Martin Schulz, als deren Fürsprecher auf. Betonen Rechtspopulisten die Pflege von Heimat und regionaler oder nationaler Zugehörigkeit, entdeckt auch der sozialdemokratische Bundespräsident den Wert der Heimat. Stellen Wahlforscher und Soziogeographen fest, das rechtspopulistische Syndrom gedeihe vor allem an der vernachlässigten Peripherie eines Landes, bricht er eine Lanze für die infrastrukturell und ökonomisch »Abgehängten« und Vergessenen auf dem Land oder in Kleinstädten. Beklagen Sozialforscher seit Jahren die Bürgerferne abgeschotteter und abgehobener Berufspolitiker, entdecken Sozialdemokraten erst nach herben Wahlverlusten »Bürgernähe« als probates Heilmittel für ihre Regeneration.

In Österreich streichen SPÖ-Mitglieder Parkbänke an, die niederländische Vorsitzende der kleinen linkssozialistischen Partei setzt auf Straßenfeste. Diese Symbolpolitik berührt aber nicht den Kern des Problems: die wachsende Kluft zwischen Arm und Reich.

II.

Der Journalist Alexander Hagelüken hob in der Süddeutschen Zeitung vom 15. Dezember 2017 noch einmal hervor, was seit Jahren bekannt ist: Deutschland ist heute wieder so ungleich wie 1913. Die Schere zwischen Arm und Reich klafft weit auseinander. Davon sind nicht nur Arbeitslose oder Dienstleistungsproletarier betroffen. Europaweit ist gut belegt, dass die Wähler rechtspopulistischer Parteien im unteren Drittel der Gesellschaft, also auch in abstiegsbedrohten, statusunsicheren Mittelschichten, angesiedelt sind (Kriesi/Pappas 2015).

Auch wenn sie materiell nicht direkt bedroht sind, kämpfen sie gegen den Verlust ihrer Respektabilität.

Die Forschungen von Ronald Inglehart und Pippa Norris (Inglehart/Norris 2016) zeigen, dass die Stimmabgabe für rechtspopulistische Parteien in der »petite bourgeoisie« größer als bei ungelernten Arbeitern ist. Qualifizierte Facharbeiter (*skilled working classes*) rechnen sich dagegen zur kleinbürgerlichen Mitte und stimmten in Großbritannien mit 64% für den Brexit. Eine von der Bertelsmann-Stiftung herausgegebene Untersuchung kommt zu dem Ergebnis, seit 1997 sei »ein deutlicher Schrumpfungsprozess für die Einkommensmittelschicht in Deutschland zu beobachten« (Burkhardt et al. 2013: 7). Die Dynamik absoluter Aufwärtsmobilität sei trotz anhaltender Bildungsexpansion erlahmt. Der soziale Fahrstuhl, der alle Gesellschaftsmitglieder nach oben tragen soll, ist eingerastet. Gute Schulabschlüsse und berufliche Qualifikationen garantieren heute keine sicheren Arbeitsplätze mehr in der Mitte der Gesellschaft. »Mit der Erschöpfung der Expansion der Mittelschicht gehen neue Verunsicherungen einher. Es zeigen sich auch in der bislang gut positionierten Mittelschicht wachsende Wohlstandssorgen. Neben den unteren Schichten sieht ein nicht geringer Anteil der Mittelschicht die langfristige Sicherung und Mehrung des Wohlstands skeptisch.« (Ebd.: 8) Auch das Forscherteam um den französischen Ökonomen Thomas Piketty hebt hervor, die Mittel- und Unterschichten in Nordamerika und Europa seien von der Globalisierung »zusammengedrückt« worden. Ihr Verdienst nahm nur geringfügig zu oder schrumpfte sogar.

In seinem »AfD-Manifest« in der Zeitschrift »Cicero« griff der AfD-Politiker Marc Jongen dieses Thema auf. Während es im 20. Jahrhundert vielen Menschen gelungen sei, in die Mittelschicht aufzusteigen, drohe heute ein historischer Rückschlag, eine »Proletarisierung der bürgerlichen Mittelschicht« (Jongen 2014). Echter Bürgersinn und Meritokratie, also Aufstieg durch individuelle Leistung, müssten wieder Platz greifen.

Der Soziologe Sighard Neckel sieht hier auch ein Versagen der Linken, die sich in eine Spielart des Liberalismus verwandelt habe. Im Kampf um Diversität, um Anerkennung des Anderen, um Abbau sexueller, ethnischer und geschlechtsspezifischer Diskriminierung seien ihr die sozialen Themen abhandengekommen. Mit ihrem Engagement für die Identitätspolitik sei eine politische Repräsentationslücke entstanden, die vom Rechtspopulismus umso erfolgreicher ausgefüllt werde, als die linksliberale Politik keine Klasseninteressen mehr kenne (Neckel 2016: 11, auch Hebel 2017: 88).

III.

Ist die AfD also eine Konkurrenz für die SPD? Die Analyse der Wählerwanderungen anlässlich der Bundestagswahl 2017 zeigt, dass die CDU mehr als doppelt so viele Stimmen (1.070.000) an die AfD verlor als die SPD mit 500.000, gefolgt von der Linkspartei mit 430.000 (Quelle: Infratest Dimap). Beide Volksparteien haben in erheblichem Umfang Federn gelassen und wurden als Koalitionspartner gemeinsam für die Flüchtlingspolitik, die wachsende Unsicherheit und den Kontrollverlust staatlichen Handelns verantwortlich gemacht. Den größten Zugewinn erzielte die AfD aber mit 1.280.000 Stimmen bei den Nichtwählern.

Noch im April 2017 galt sie in der veröffentlichen Meinung fast als Auslaufmodell: Sie verliere an Wählergunst, ihr Zustand sei miserabel und chaotisch. Die CDU wiegte sich in Sicherheit, setzte auf Merkels Politikstil des Aussitzens und ihr internationales Ansehen: keine Experimente, »Wir schaffen das«, Kurs halten. Dabei hatte die Kanzlerin den Kontakt zur Bevölkerung und zur Stimmung im Lande längst verloren. Auch die SPD wähnte sich im Aufwind, hatte sie doch mit Martin Schulz einen Kanzlerkandidaten aufgestellt, dem zunächst viele Sympathien zuflogen, gepaart mit hohen Erwartungen an einen Politikwechsel. 20.000 Parteieintritte innerhalb weniger Monate beflügelten eine euphorische Siegesgewissheit. Bei dieser Schubkraft schien es nicht nötig zu sein, auf Nichtwähler, immerhin ein Viertel aller Wahlberechtigten, zuzugehen. Warum sollte man sie mobilisieren?

Es ist bekannt, dass vor allem im unteren sozialen Segment immer weniger Menschen zur Wahl gehen. Damit konnte man gut leben, solange sie sich weiterhin von den Urnen fernhielten. Aber genau das taten sie nicht. Sie hatten ein Sprachrohr gefunden, das aus passiven Wahlverweigerern aktive Wähler machte und ihnen ein Ventil für ihre Frustration, ihren Unmut und ihre Perspektivlosigkeit bot: die AfD. Sie schloss die Repräsentationslücke, lenkte den sozialen Protest auf ethnische und kulturelle Überfremdung, mobilisierte Ängste vor Kriminalität, sexuellen Übergriffen und materieller Benachteiligung gegenüber Asylbewerbern. In der Wahrnehmung dieser autochthonen Unterprivilegierten war die nationale Solidarität zugunsten einer abstrakt-humanitären Solidarität mit den Flüchtlingen aufgekündigt worden, auch wenn längst nicht alle im Sinne der Genfer Konvention Flüchtlinge sind, sondern Wirtschaftsmigranten.

Ist die AfD eine neue Arbeiterpartei? Die grobmaschige Wählerbefragung von Infratest Dimap scheint dafür zu sprechen: Jeweils 21% Arbeiter und Arbeitslose wählten bei der Bundestagswahl 2017 die AfD, zusammen 42%, fast genauso viele wie Angestellte, Beamte, Selbständige und Rentner zusammen (45%) (zit. nach Spiegel Online 2017). Aber wer verbirgt sich hinter der Kategorie der Angestellten? Großverdiener in Führungspositionen oder unqualifizierte Angestellte etwa im Gaststättengewerbe? Und wer hinter der Kategorie der Selbständigen? Kleine Imbiss- oder Kioskbetreiber, die oft nur durch Selbstausbeutung über die Runden kommen, oder mittelständische Unternehmer und Freiberufler? Und was ist schließlich unter »Arbeitern« zu verstehen? Qualifizierte Facharbeiter, die sich zur Mittelschicht zählen, oder unqualifizierte, am stärksten von Arbeitslosigkeit bedrohte Arbeiter in der untersten Lohnkategorie?

In Nordrhein-Westfalen erzielte die AfD bei der Landtagswahl 2017 insgesamt 7,4%. Aber erst im Detail findet man die Antwort auf die oben gestellten Fragen: Im bürgerlichen Münster mit hohem Studentenanteil kam sie nur auf 4,9%. Dagegen lag im deindustrialisierten, ehedem »roten« Ruhrgebiet ihr Stimmenanteil durchgängig im zweistelligen Bereich: Gelsenkirchen 16,9%, Oberhausen 13,1%, Dortmund 10,13%, Duisburg 13,24%, im Duisburger Stadtteil Marxloh mit hohem Ausländeranteil bei 16%, die bei der Bundestagswahl sogar auf 30% hochschnellten.

Vor diesem Hintergrund lässt sich kaum bestreiten, dass die AfD tief in ehemaliges SPD-Terrain eingedrungen ist. Diese traditionsreiche einstige Arbeiterpartei ist heute eine Partei von Rentnern und Angestellten und verdient kaum noch die Bezeichnung »Volkspartei«, eine Entwicklung, die sich auch bei der italienischen »Demokratischen Partei« (PD) beobachten lässt. Auch dort profitiert die populistische Fünf-Sterne-Bewegung von der Profillosigkeit der Parteien der rechten und linken Mitte, ist zur zweitstärksten politischen Kraft »jenseits von rechts und links« angewachsen und findet überproportional viele Anhänger bei arbeitslosen Jungakademikern und Menschen in prekären Beschäftigungsverhältnissen. Während Berlusconis bürgerliche Rechtspartei »Popolo della Libertà« bei ihrer Klientel (Unternehmer und Arbeiter in kleinen und mittelgroßen Firmen) starke Verluste erlitt, hat auch die sozialdemokratische Linke (PD) in gleichem Umfang – zwischen 14% und 16% – Einbußen bei ihren Stammwählern (mittlere Techniker und Angestellte) hinnehmen müssen. Beide haben ihre soziale Basis verloren. Die meisten Wähler finden sie heute außerhalb des Arbeitsmarktes, die Bürgerlichen bei Hausfrauen, die Reformlinke bei Rentnern.

Ausblick

2009 veröffentlichten die SPD-Politikerin Andrea Nahles und der britische Labourpolitiker Jon Cruddas unter dem Titel »Die gute Gesellschaft« ein Papier, das Antworten auf die Frage zu geben versprach, wie es mit der europäischen

Sozialdemokratie weitergehen solle. Sie verstanden ihren Entwurf als Alternative zu Tony Blairs und Gerhard Schröders neoliberalem »Drittem Weg« und stellten fest: »Eine große Zahl von traditionellen Arbeitnehmern hat das Vertrauen in New Labour und die SPD als historische Verfechter ihrer Interessen verloren.« (Cruddas/Nahles 2009) In der Debatte über diesen programmatischen Vorstoß diagnostizierten Wissenschaftler und linke Parteivertreter eine grundlegende Orientierungslosigkeit sozialdemokratischer Parteien, einen Verlust an Glaubwürdigkeit und Vertrauen in der Öffentlichkeit, nicht zuletzt eine fehlende Alternative zum Neoliberalismus (Meyer/Spiegel 2010). Fast zehn Jahre danach hat diese Diagnose nichts an Aktualität eingebüßt.

Die AfD springt in die Bresche und verspricht genau dies: Orientierung, Glaubwürdigkeit und eine Alternative zur neoliberalen Globalisierung durch Gemeinwohlorientierung und Förderung des nationalen Mittelstandes in einem Europa der Vaterländer. Nur in Großbritannien ist es dem linken Labourvorsitzenden Jeremy Corbyn gelungen, viele Wähler der EU-feindlichen United Kingdom Independence Party (UKIP) für Labour zurückzugewinnen. Aber längst nicht alle Wähler rechtspopulistischer Parteien sind ideologisch gefestigte Rechte. Sie verstehen ihr Votum als Denkzettel, das sich auch andere Ventile suchen könnte, wenn es Alternativen gäbe.

Ist die AfD also eine Konkurrenz für die SPD? Die AfD ist eine Konkurrenz für alle Parteien des Mainstream. Schon lange vor dem Aufstieg der AfD hat die SPD an ihrem Sargnagel geschmiedet. Mit der Erklärung von Martin Schulz, bis 2025 die »Vereinigten Staaten von Europa« auf den Weg zu bringen, wurde ein weiterer Sargnagel eingeschlagen – zur Freude der AfD, läuft doch diese Initiative auf die Spaltung der EU hinaus. Das sozialdemokratische Zeitalter ist womöglich abgelaufen, mit Sicherheit aber die Ära der Volksparteien, wie wir sie kennen. Sie sind, und das ist vielleicht ihr größtes Defizit, nicht mehr fähig zu gesellschaftlicher Integration.

Literatur

Burkhardt, Christoph u.a. (2013): Mittelschicht unter Druck?, hrsg. von der Bertelsmann Stiftung, Gütersloh.

Cruddas, Jon/Nahles, Andrea (2009): Die gute Gesellschaft, www.compassonline.org.uk (4.1.2018).

Decker, Frank (2012): Warum der parteiförmige Rechtspopulismus in Deutschland so erfolglos ist. In: Vorgänge, 1, S. 21-28.

Hagelüken, Alexander (2017): Deutschland so ungleich wie 1913. In: Süddeutsche Zeitung, 15.12.2017.

Hebel, Stephan (2017): Angela Merkel: Die Geburtshelferin der AfD. In: Blätter für deutsche und internationale Politik, Heft 8, S. 81-88.

Inglehart, Ronald F./Norris, Pippa (2016): Trump, Brexit, and the rise of Populism: Economic have-nots and cultural backlash, Arbeitspapier für die Jahrestagung der American Political Science Association am 2.9.2016.

Jongen, Marc (2014): Das Märchen vom Gespenst der AfD. In: cicero.de vom 22.1.2014; marcjongen.de/afd-manifest-auf-cicero-de/ (16.7.2017).

Kriesi, Hanspeter/Pappas, Takis S. (Hrsg.) (2015): European Populism in the Shadow of the Great Recession, Colchester.

Mair, Peter/Katz, Richard S. (1995): Changing Models of Party Organization and Party Politics. The Emergence of the Cartel Party. In: Party Politics, 1 (1), S. 5-28.

Meyer, Henning/Spiegel, Karl-Heinz (2010): Die Gute-Gesellschaft-Debatte. Wie weiter mit der europäischen Sozialdemokratie?, hrsg. von der Friedrich-Ebert-Stiftung, Berlin.

Nachtwey, Oliver (2016): Die Abstiegsgesellschaft. Über das Aufbegehren in der regressiven Moderne, Berlin.

Neckel, Sighard (2016): Aus Scham wird Rache. Der Populismus erobert das Terrain der Linken – weil sie für die soziale Ungleichheit blind geworden ist. In: Süddeutsche Zeitung, 22.11.2016.

Priester, Karin (2007): Populismus. Historische und aktuelle Erscheinungsformen, Frankfurt a.M.

Priester, Karin (2012): Rechter und linker Populismus. Annäherung an ein Chamäleon, Frankfurt a.M.

Spiegel Online (2017): www.spiegel.de/politik/deutschland/wahlergebnisse-volksparteien-laufen-waehler-weg-afd-und-fdp-profitieren-a-1169611.html (2.1.2018).

Horst Kahrs

Die AfD als Konkurrenz für DIE LINKE?

Die »Alternative für Deutschland« ist trotz aller Häutungen seit ihrer Gründung 2013 immer noch eine wahlpolitische Sammlungsbewegung mit einer starken außerparlamentarischen Verankerung. Sie bedient sich, wie andere Parteien auch, populistischer Methoden: Behauptung eines Widerspruchs »Volk gegen Elite«, Alleinvertretungsanspruch für den »Volkswillen«, Institutionenmisstrauen und Anti-Establishment-Haltung, Mobilisierung von Ängsten, Vorurteilen und Ressentiments. Die Methode transportiert einen spezifischen Inhalt: Nationalismus, Autoritarismus, Ablehnung von Grundüberzeugungen einer pluralen, demokratischen Gesellschaft. Warum wechseln Wähler der Linken zu einer anderen Partei? Und warum wechseln Wähler der Linken zu einer nationalistischen, antidemokratischen, antipluralen Partei? Daran schließt dann die Frage an, wie es zukünftig sein könnte.[1]

Die AfD als wahlpolitische Sammlungsbewegung und Die Linke

Seit über einem Jahrzehnt zeichnen sich Parlamentswahlen durch eine wachsende Wechselbereitschaft und abnehmende Parteibindung der Bürgerinnen und Bürger aus. Kurzfristige Abwägungen bei der Wahlentscheidung erlangen größere Bedeutung auf Kosten längerfristiger Orientierungen. Erfolgreich neu auftretende Parteien setzen alle Parteien des parlamentarischen Feldes unter Konkurrenzdruck.

In den Wahlen 2013/2014 besetzte die AfD die parteipolitische Lücke einer national-liberalen Kritik an der europäischen Finanz- und Geldpolitik und den Euro-Rettungsschirmen – wirtschaftsliberal, weil gegen die Bankenrettung, national, weil auf die Verteidigung der nationalen Wettbewerbsvorteile und des Wohlstandes zielend. Nach dem knappen Scheitern an der Sperrklausel 2013 verstand es die Partei bei den anschließenden ostdeutschen Regionalwahlen andere Themen in den Vordergrund zu rücken, etwa Zuwanderung und Grenzkriminalität, Rückzug der öffentlichen Institutionen aus ländlichen Räumen. Doch erst mit der Krise der europäischen Flüchtlingspolitik im Sommer 2015 gelang es ihr, bei anschließenden Regionalwahlen im Frühjahr 2016

[1] Der Beitrag schließt an meine Texte (Kahrs 2016 und 2018) an.

aus dem Votum für die AfD eine gesellschaftspolitische Richtungsentscheidung über die Zukunft des Landes, in dem man »gut und gerne« leben will, zu machen.[2] Die Flüchtlings- und Integrationsfrage als gesellschaftspolitisches Symbolthema beschäftigte erstmals seit Jahren wieder die Mehrheit über einen längeren Zeitraum und führte zu einer deutlichen emotional aufgeladenen Politisierung und zugleich Polarisierung auch im Alltag, die alle Parteien und Wählerschichten erfasste.

Die Migrationspolitik im Spätsommer 2015 schuf erneut eine politisch günstige Gelegenheit für eine nationalistisch orientierte Sammlungsbewegung, nachdem zuvor der eurokritische Schwung der AfD-Gründung 2013 erlahmte. Günstige Gelegenheiten für außerparlamentarische Parteien oder Parteineugründungen entstanden bereits häufiger: Schill-Partei, Statt-Partei, DVU 2002 in Sachsen-Anhalt oder die NPD-Erfolge 2004 in Sachsen verdankten sich allerdings regionalen, nicht bundesweiten Konstellationen. Die Erfolge der Linkspartei.PDS 2005 und von Die Linke 2009 waren erstmals seit 20 Jahren ein bundesweites Phänomen. Auch das vorübergehende Hoch der Piratenpartei bei mehreren Landtagswahlen 2011/2012 muss als gesamtdeutsches Phänomen gewertet werden.

Allen diesen Erfolgen fehlte die politische Wucht und Dynamik der AfD-Wahlerfolge, die die Umbrüche im Parteiensystem beschleunigt. Nach der Aufteilung des linken Spektrums in drei parlamentarische Fraktionen teilt sich nun das rechte Spektrum, und zwar auf eine Art und Weise, bei der die drei Parteien SPD, Grüne und Linke, die von den Bürgern dem linken Spektrum zugeordnet werden, in der Summe erheblich verlieren. Wahlausgänge werden unvorhersehbarer, Regierungsbildungen schwerer, unerwartete Koalitionen wie in Sachsen-Anhalt oder Rheinland-Pfalz werden notwendig.

Die Linke verlor bei der Bundestagswahl 2013 knapp 7% ihrer Stimmen der Vorwahl 2009 an die AfD. Diese Ehemaligen stellten etwa 17% der damaligen AfD-Wählerschaft.[3] Bei den folgenden Landtagswahlen 2016 gingen bis zu ei-

---

[2] Die hier angebotenen Deutungen zum Wechsel von links nach rechts verarbeiten Anregungen von diversen Publikationen. Besonders wichtig waren Wilhelm Heitmeyers »Deutsche Zustände« (2002-2011) und die Leipziger »Mitte«-Erhebungen von Elmar Brähler und Oliver Decker (Decker u.a. 2012 und 2016), ein aktueller Text von Michael Vester (2017), mehrere Essays von Cornelia Koppetsch auf www.soziopolis.de und ein Vortrag von Tim Spier über die soziale Wählerbasis rechtspopulistischer Parteien in Europa vom Juni 2017. So wichtig wie die Literatur waren die fortlaufenden Diskussionen mit Michael Vester, Tom Strohschneider, Thomas Falkner und Kollegen und Kolleginnen am Institut für Gesellschaftsanalyse der Rosa-Luxemburg-Stiftung.

[3] Bei der Bundestagswahl 2017 wählten 620.000 von den 2.050.000 Personen, die 2013 für die AfD gestimmt hatten, nicht mehr die AfD. 250.000 wählten eine andere Partei (zu fast 60% CDU oder FDP), 270.000 gingen nicht wieder zur Wahl und

nem Fünftel (Rheinland-Pfalz, Baden-Württemberg) der vormaligen Stimmen an die AfD; in Berlin waren es 2016 mit 7% am wenigsten. Die Stimmen ehemaliger Linke-Wähler verloren aus Sicht der AfD dabei zunehmend an Gewicht. Bei den ostdeutschen Landtagswahlen machten sie 2014 noch bis zu 18% der AfD-Wählerschaft aus (Brandenburg), 2016 nur noch gut 10% (Sachsen-Anhalt, Mecklenburg-Vorpommern), bei den westdeutschen Landtagswahlen waren es in der Regel weniger als 5%, lediglich im Saarland stellten ehemalige Linke-Wähler fast 13% der AfD-Stimmen.

Bei der Bundestagswahl 2017 schließlich kamen 7% der AfD-Stimmen von Wählern, die 2013 Die Linke gewählt hatten. Von den AfD-Wählern hatten 24% bereits 2013 die AfD gewählt, 25% waren 2013 Nichtwähler, 18% CDU-Wähler, 12% kamen von nicht im Bundestag vertretenen Parteien und 9% von der SPD. Aus der Perspektive der Linkspartei wanderten 2017 etwa 11% ihrer Anhänger von 2013 zur AfD. Insgesamt verlor Die Linke allerdings knapp die Hälfte ihrer Wähler von 2013. Ein Drittel derjenigen, die zu anderen Parteien gingen, wechselte zur AfD. Da die Linkspartei absolut mehr Zweitstimmen als 2013 erhielt, sind mehr als die Hälfte der aktuellen Stimmen von Bürgern gekommen, die bei der Vorwahl nicht für Die Linke gestimmt hatten.

Das Hauptproblem der Linkspartei bilden die Unbeständigkeit ihrer Wählerschaft, der relativ niedrige Prozentsatz der Wiederwähler und der hohe Anteil von neuen Wählern. Der Wechsel zur AfD ist nur ein Teil dieses Wähleraustausches. Gleichwohl stellt dieser Wechsel das Selbstverständnis der Partei auf eine harte Probe. Nicht nur, weil die Zustimmung unter Arbeitern, Niedriglöhnern und Angehörigen unterer Einkommensschichten zurückgeht, während sie für eine völkisch-nationalistische und autoritäre Partei steigt. Der Wechsel von (Linke-)Wählern zur AfD entzaubert gleichsam zwei Meta-Erzählungen oder Images der Partei.

Erklärungen für den »Wechsel von links nach rechts«

Über die Motive, die dem Wechsel von der Linkspartei zur AfD unterliegen, gibt es eine Reihe von Erklärungsversuchen. Sie unterscheiden sich zunächst durch zwei unterschiedliche Annahmen über die Wähler. Wird angenommen, dass es eine gewisse inhaltliche Identität zwischen Wählern und Partei gibt,

100.000 verstarben zwischenzeitlich. Quelle für diese und die folgenden Zahlenangaben: Infratest dimap, Wahlberichterstattung, Berechnung der Wählerstromkonten. Online verfügbar z.B. unter www.kas.de/wf/de/71.15011/ (Konrad-Adenauer-Stiftung – Wahlanalysen).

kann aus Sicht der Partei von »eigenen Wählern« gesprochen werden, und es wäre zu erklären, warum aus Linken Rechte geworden sind. Von interessierter Seite wird dazu gerne auf die »Hufeisen-Theorie« zurückgegriffen. Danach entstehe zwischen linker und rechter Radikalkritik der Verhältnisse eine Brücke, über die zwischen links und rechts gewechselt werde.

In Zeiten abnehmender Stammwählerschaften, lockerer Parteibindungen und hoher Wechselbereitschaft kann andererseits jedoch eine gehörige Portion Eigensinn bei vielen Wählern unterstellt werden. Ihre Entscheidung für eine Partei gilt nur für einen bestimmten Zeitpunkt und lässt nicht notwendig auf eine Zustimmung zu den Zielen und Vorhaben dieser Partei schließen. Die Vorgängerpartei der heutigen Linkspartei, die PDS, wurde nicht nur von demokratischen Sozialisten gewählt, sondern ebenso von vielen Ostdeutschen, weil sie gegen die westdeutsche Arroganz gegenüber DDR-Biografien, den Modus der Vereinigung und für die Vertretung spezifischer ostdeutscher Interessen, z.B. in Rentenfragen, stand. Diese einzigartige Stellung im Parteiensystem, eben keine westdeutsch dominierte Partei zu sein, sondern die »Stimme des Ostens«, war für viele bei der Entscheidung 1994 und 1998 wichtiger als die linke Programmatik.

Die Wahl der Linkspartei 2005 und 2009 verdankte sich bei Vielen nicht dem linken Programm, sondern der Funktion der Partei im Parteiensystem: Viele neue Stimmen kamen von Wählern, die Druck auf die SPD ausüben wollten, ihre Abwendung von sozialdemokratischen Traditionen des Arbeitnehmerschutzes und die Arbeitsmarktreformen rückgängig zu machen. Aus den ehemaligen SPD-Wählern waren über Nacht keine Sozialisten geworden, nicht sie hatten sich geändert, sondern die SPD hatte sie verlassen. Die einzige Partei, mit deren Wahl dieser Druck aktiv ausgeübt werden konnte, war Die Linke. Positionen der Linken zu einzelnen Politikfeldern – in jedem Wahlprogramm der PDS und der Linkspartei seit 1990 wurden »offene Grenzen« gefordert – spielten dabei kaum eine Rolle. Entscheidend war wie bei der »ostdeutschen Interessenvertretung« die Fähigkeit, Erlebnisse politischer Entfremdung in einer Meta-Erzählung zu emotionalisieren, z.B. als Protest gegen den »Verrat« der SPD(-Führung) an sozialdemokratischen Werten, Traditionen und am »kleinen Mann«.

Nur ein kleinerer Teil der neuen Wähler sah in der Linkspartei eine neue politische Heimat. Bereits seit den Landtagswahlen 2011 konnte beobachtet werden, wie Teile dieser Wähler, vor allem Arbeiter, sich erneut auf die Suche machten. Vorübergehend erzielte die Piratenpartei bei Regionalwahlen nicht nur unter jungen Wählern, sondern auch unter Arbeitern überdurchschnittliche Stimmenanteile. Die Stimmenverluste der PDS 2002 und der Linkspartei 2013 unterstrichen, dass die Funktion als Projektionsfläche des Protestes gegen eine Entwicklung, an der alle anderen Parteien beteiligt sind, immer nur zeitlich begrenzt auszufüllen ist. Die AfD »übernahm« diese Rolle für einen Teil ihrer Wählerschaft, allerdings nicht ohne eine entscheidende Verschiebung in der Meta-Erzählung. PDS wie Linkspartei standen für einen Pol innergesellschaftlicher Konflikte: »Ost – West«, stärker jedoch »unten – oben«. Das Recht, Ansprüche zu stellen, gründete auf der »Lebensleistung« als »Werktätiger« oder »Arbeitnehmer«, der darauf vertraut, sich durch Leistung sozialstaatliche Sicherungen erarbeiten zu können. Dies war bereits Ausdruck der Defensive. Ursprünglich waren es einmal »Kapital und Arbeit«, die den Wohlstand schufen und den sozialstaatlichen Kompromiss begründeten. Die Zugehörigkeit zur »(Lohn-)Arbeit(-erklasse)« ist aber lange schon als normative Basis für das Recht, Ansprüche zu stellen, aus der öffentlich-medialen Wahrnehmung getilgt. Alltagsweltlich erfahrbar wurde dies als schwindender Einfluss der Gewerkschaften oder genereller als Wiederkehr von überwunden geglaubten Abhängigkeiten. Eigentumsähnliche sozialstaatliche Sicherungen, auf deren Verlässlichkeit man Veränderungs- und Risikobereitschaft glaubte gründen zu können, gingen verloren. Die Linken befinden sich in einem ständigen Abwehrkampf gegen weitere Verschlechterungen und für die Wiederherstellung eines vorherigen Status – aber sie haben in dieser innergesellschaftlichen Auseinandersetzung keine Erfolge vorzuweisen.

Gegen allerlei Erfahrungen der Abhängigkeit und des Ausgeliefertseins offeriert nun die AfD die Zugehörigkeit zu Nation und Volk als normative Basis für das Recht, Ansprüche stellen zu dürfen, Vorrechte zu haben, im Mittelpunkt des politischen Bemühens zu stehen. Innergesellschaftliche Verteilungskonflikte werden umgedeutet zu Innen-Außen-Konflikten. Die mehrere Parteien übergreifende Deutung der deutschen Volkswirtschaft als eine leistungsbereite Wettbewerbsgemeinschaft in globaler Konkurrenz schuf ein breites Einfallstor, um nun mit der Zugehörigkeit zum Volk von den »Eliten« den Schutz von Nation und Volk gegen seine Feinde und Neider einzufordern: die AfD als Partei, die den hart erarbeiteten Wohlstand gegen die Ansprüche »der da draußen« konsequent verteidigen will. Die eindeutige Positionierung der AfD gegen kulturelle Vielfalt, Minderheitenschutz und universalistische Werte verschaffen ihr ausreichend Profil im Parteienwettbewerb, sodass sie ihre Position in Wirtschafts- und Sozialstaatsfragen offenhalten bzw. bei wahlpolitischem Bedarf wechseln kann.

Die AfD als politischer Magnet

Den Wechsel von Wählern von der Linken zur AfD lediglich unter dem Gesichtspunkt der Stellung und Funktion als »neuer« Partei im Parteiensystem und ihrer Projektionsfläche zu betrachten, greift indes zu kurz. Die Wahltagesbefragungen legen nahe, dass es eine hohe Übereinstimmung zwischen Wählerschaft und politisch-inhaltlicher Positionierung der AfD in Fragen der Ausländer- und Flüchtlingspolitik und in der Islamfeindschaft gibt. Auch Wähler mit starkem Institutionenmisstrauen und hoher Priorität für soziale Gerechtigkeit fühlten sich bei der AfD und ihrem Gerechtigkeitsmodell aufgehoben. Zwar gibt es unter Wählern, die sich selbst als »Arbeiter« einstufen, sowie generell unter Erwerbstätigen mit mittlerer Bildung im Alter von 40 bis 60 Jahren eine überdurchschnittliche Zustimmung, jedoch gilt auch: Die AfD erreichte in allen sozialen und Altersgruppen Zustimmungswerte von deutlich über der Sperrklausel.

Aus einer Reihe von Umfragen, die für die Altbundesrepublik bis in die 1970er Jahre zurückreichen, ist bekannt, dass stets etwa einem Fünftel der repräsentativ Befragten xenophobe, antisemitische, autoritäre und zu Nationalismus und Rassismus tendierende ethnozentristische Einstellungen attestiert wurden. Bei einem einstelligen Anteil verdichteten sich diese Haltungen zu rechtsextremen Einstellungen. Gefragt nach ihren politischen Präferenzen verteilte sich dieses Potenzial regelmäßig auf die beiden Volksparteien sowie die regionale Volkspartei PDS, auch bei den Grünen oder der Linkspartei. Ab 2014, verstärkt ab 2016 stellten diese Erhebungen indes eine parteipolitische Entmischung fest. Die Parteipräferenzen von Wählern mit rechten Einstellungen konzentrierten sich auf die AfD, die Präferenzen für andere Parteien sanken deutlich, hierbei insbesondere für die Linke. Mit der AfD nahmen Haltungen und Einstellungen parteipolitische Form an, die zuvor in anderen Parteien gebunden waren, weil die gesellschaftspolitischen Auseinandersetzungen um Zuwanderung für sie bis dahin keine wahlentscheidende Rolle spielten.

Auch im linken Parteienspektrum gab es immer Wähler mit autoritären Politikeinstellungen, Fremdenabwehr und Fremdenfeindlichkeit. Die Forschungen zu sozialen Milieus haben auf die Existenz schichten- und milieuübergreifender unterschiedlicher ideologischer Lager aufmerksam gemacht und früh ethnozentristische und autoritätsorientierte Potentiale aufgespürt, die durch eine kampagnen- und mobilisierungsfähige rechte Partei ansprechbar sein würden.

Warum wählten diese Gruppen jetzt eine offen nationalistische und zuwanderungsfeindliche Partei? Die Frage der Zuwanderung ist aus der Perspektive der Lohnarbeit immer auch eine Frage der Vermehrung des Arbeitskräfteangebots und damit eine Frage, wer die Bedingungen für den Arbeitsmarktzugang setzt und die Kontrolle über ihre Einhaltung hat. Die kurzzeitige Grenzöffnung 2015, das verstärkte Werben um Fachkräftezuwanderung, »offene Grenzen«, all dies signalisierte, dass die Kontrolle nicht bei den Arbeitnehmern und ihren Organisationen liegen wird. Gerade in Zeiten wirtschaftlichen Aufschwungs und abnehmender Erwerbslosigkeit, also einer relativen Verknappung der Arbeitsmarktkonkurrenz, wirkt die Vermehrung des Arbeitskräfteangebots als (Be-)Drohung. Die Wählerwanderung von Erwerbstätigen zur AfD entspränge dann dem erlebten wie erwarteten Machtverlust der linken Parteien, die Einhaltung von Zugangsregelungen zum Arbeitsmarkt und die nötige Ressourcenausstattung für Integration kontrollieren zu können. Speziell für Die Linke mag gelten, dass man ihre Position für »offene Grenzen für Menschen in Not« nicht so wichtig nahm, weil sie ohnehin an keiner Bundesregierung beteiligt sein würde, jetzt aber die Beibehaltung der Position als die Verweigerung von Schutzmaßnahmen hoch bewertete. Die Abwehr von Fremden, so ließe sich zusammenfassen, erschien den ohnehin zu Autoritarismus und Ethnozentrismus neigenden Wählern als einzig noch erfolgversprechende Handlungsoption, den eigenen sozialen Status und das eigene Lebensführungsmodell in einer sich rasch verändernden Umwelt zu behaupten.

In den wahlpolitischen Auseinandersetzungen seit 2016 hat Die Linke durch den Austausch in ihrer Wählerschaft eine neue Rolle angeboten bekommen. Wenn es richtig ist, dass wegen der Positionen in der Flüchtlingspolitik Wähler zur AfD gewechselt sind, so gilt umgekehrt, dass aus dem gleichen Grund von anderen die Partei erstmals gewählt worden ist. Dieses Mal die Neuen längerfristig zu binden, wird für die Zukunft der Partei die entscheidende Aufgabe sein.

Der Arbeitsmarkt hat sich in der zurückliegenden Dekade in drei große idealtypische Gruppen geteilt: in eine wachsende Gruppe hochqualifizierter, meist akademisch ausgebildeter Beschäftigter, die sich auf transnationalen Arbeitsmärkten bewegen, die von internationalen Konzernen geprägt werden; in eine schrumpfende Gruppe fachlich qualifizierter Angestellter und Arbeiter in traditionellen Berufen auf dem nationalstaatlichen Arbeitsmarkt, die nochmals unterteilt sind in exportorientierte Industriesektoren und soziale Dienstleistungsberufe; und in eine wachsende Gruppe eines wenig qualifizierten modernen Dienstleistungsproletariats, welches auf vielfältige Weise mit unterbezahlten Beschäftigten in den sozialen Dienstleistungsberufen verwoben ist.

In der ersten Gruppe und bei den sozialen Dienstleistungsberufen konnte die Linke deutlich Stimmen gewinnen. Es wird darauf ankommen, mit ihnen eine politische Dynamik für eine sozialstaatliche Erneuerung zu entfalten, die auch für Angehörige anderer Arbeitsmarktfragmente anziehend wirkt. Hierfür bietet sich die Formel eines »progressiven Konservatismus« an, der einmal Erreichtes bewahren, aber zugleich die Früchte neuer Produktivitätsgewinne in Richtung Arbeit statt in Richtung Kapital verteilen will. Gleichzeitig muss dabei die Rolle des Gegenpols zur völkisch-nationalistischen Mobilisierung gewahrt werden.

Es gilt einzulösen, was Jürgen Kocka 2013 zur Arbeiterfrage formulierte: »Gelänge es, eine wirklich globale Perspektive zur Basis des moralischen Gewissens, des gesellschaftlichen Engagements und der politischen Forderungen zu machen (was allerdings nicht nur gegen eingefleischte Gewohnheiten, sondern auch gegen gewichtige Interessen von uns hier im Norden verstoßen könnte), wäre die ›Arbeiterfrage‹, jetzt als Arbeiterfrage im »globalen Süden«, sofort wieder da: moralisch herausfordernd, ein drängendes Problem sozialer Gerechtigkeit, ›schwer zu ändern, aber nicht ausweglos.‹« (Kocka 2013: 111)

Literatur

Beck, Martin/Stützle, Ingo (Hrsg.) (2018): Die neuen Bonapartisten. Mit Marx den Aufstieg von Trump & Co. verstehen, Berlin.

Brähler, Elmar/Decker, Oliver (2002): Bewegung in der Mitte. Rechtsextreme Einstellungen in Deutschland 2008 mit einem Vergleich von 2002 bis 2008 und der Bundesländer, Berlin.

Decker, Oliver/Kiess, Johannes/Brähler, Elmar (2012): Die Mitte im Umbruch. Rechtsextreme Einstellungen in Deutschland 2012, Berlin.

Decker, Oliver/Kiess, Johannes/Brähler, Elmar (Hrsg.) (2016): Die enthemmte Mitte. Autoritäre und rechtsextreme Einstellung in Deutschland, Gießen.

Heitmeyer, Wilhelm (2002-2011): Deutsche Zustände. Folge 1-10, Frankfurt a.M.

Kahrs, Horst (2016): Jenseits der Statistiken sozialer Ungleichheit. Facetten modernisierter Beziehungen zwischen Arbeitswelt, Lebenswelt und Politik, in: Sozialismus.de 7-8, Hamburg.

Kahrs, Horst (2018): Politische Suchbewegungen in Zeiten tiefer sozialer Transformation, in: Beck/Stützle (Hrsg.) (2018).

Kocka, Jürgen (2013): Geschichte des Kapitalismus, München.

Vester, Michael (2017): Der Kampf um soziale Gerechtigkeit. Online auf www.fnpa.de

Christoph Kopke / Alexander Lorenz

Die AfD und die Parteien der politischen Rechten

Seit der Bundestagswahl im September 2017 ist mit der Alternative für Deutschland (AfD) zum ersten Mal seit den 1950er Jahren eine Partei rechts der Unionsparteien CDU/CSU im Deutschen Bundestag vertreten. Mit einem Wahlergebnis von 12,6% der Zweitstimmen avancierte sie bundesweit zur drittstärksten Partei. Ihre bisherige Entwicklung ist durchaus bemerkenswert: Seit ihrer Gründung 2013 als dezidierte »Anti-Euro-Partei« hat sie, trotz anhaltender interner Auseinandersetzungen um politische Ausrichtung, Strategie und Personal, insgesamt relativ unbeschadet »einige Metamorphosen vollzogen« (Häusler 2016a: 12).

»Selten«, so der Politikwissenschaftler Hajo Funke, habe sich nach 1945 in Europa »eine gemäßigte Rechtspartei so schnell und so radikal von der Spitze aus in eine Partei der rechtsradikalen Agitation« verwandelt (Funke 2016: 73). Die AfD ist zwar rein programmatisch betrachtet keine rechtsextreme Partei, ihre Politik orientiert sich inzwischen aber deutlich an den zentralen Bezugskategorien rechtsextremen Denkens.

Parteipolitisch rekrutierte sich die AfD wesentlich aus drei Gruppen: Die größte stellten ehemalige CDU/CSU- und FDP-Anhänger aus der »zweiten Reihe« dar; gefolgt von vorherigen Mitgliedern diverser Rechtsaußenparteien sowie parteilosen Gründungsmitgliedern. Ihr bisheriger Aufstieg hatte früh zu unterschiedlichen Reaktionen und Verschiebungen im Parteienspektrum der säkularen und religiösen Rechten geführt, die im Folgenden knapp dargestellt werden.

Der Umgang der Unionsparteien mit der AfD

Frühere CDU- und CSU-Mitglieder in der AfD begründeten ihren Austritt regelmäßig mit der anhaltenden Liberalisierung und Modernisierung der Union, die sie als »Linkstrend« missverstehen. Auch in den Unionsparteien verbliebene eher nationalkonservative Anhänger, die sich in parteiinternen Zusammenschlüssen wie dem »Berliner Kreis« oder im »Freiheitlich-konservativen Aufbruch« sammeln, »sind der Auffassung, der Modernisierungskurs Angela Merkels und der CDU-Mehrheit habe dazu geführt, dass rechts der Union im Parteiensystem eine Repräsentationslücke entstanden sei, in die die AfD hineinstoße. Sie fordern daher einen Kurswechsel der Kanzlerin mit stärkerer Betonung konservativer Werthaltungen« (Niedermayer 2017: 119).

CDU und CSU beanspruchten über Jahrzehnte, es dürfe rechts neben ihnen keine legitimierte Partei geben. Dafür verfolgten sie regelmäßig eine »Doppelstrategie«, die auf Abgrenzung und Unvereinbarkeitsbeschlüsse mit der extremen Rechten einerseits, bei andererseits gleichzeitig erfolgender »Rechtsverschiebung der Unionsachse« zur Reintegration rechter Positionen und Rückgewinnung verlorener Wählerklientel setzt (Butterwegge/Meier 1997, zit. n. Wiegel 2002: 11). Die CSU-Führung fasste dies nach der Bundestagswahl 2017 in ihrem Zehn-Punkte-Plan in die Aufforderung zusammen: »Wir müssen die AfD knallhart bekämpfen – und um ihre Wähler kämpfen« (zit. n. tagesschau.de 2017) zusammen. Einerseits grenzt sie sich klar von der AfD ab, andererseits wirbt sie mit ähnlich restriktiven Haltungen in der Asyl- und Zuwanderungspolitik, mit einer »harten Hand« in Fragen der Inneren Sicherheit sowie mit den »konservativen Kampfbegriffen Heimat, Patriotismus, Leitkultur« (ebd.) für einen Rechtsruck der Union.

Mit Blick auf die einzelnen CDU-Landesverbände kann zudem nicht von einer prinzipiellen und einheitlichen Abgrenzung zur AfD gesprochen werden.[1] Zwischenzeitlich – so der CSU-Politiker Alexander Dobrindt in einem Essay in der Tageszeitung Die Welt – riefen einzelne Unionspolitiker sogar die »konservative Revolution«, als positive Bezugsgröße auf (vgl. Dobrindt 2018). Hinter diesem widersprüchlichen Wortpaar steht ein Kanon radikalnationalistischer Autoren der Weimarer Republik jenseits des demokratischen Konservatismus. Es ist in erster Linie die sogenannte Neue Rechte, die sich selbst als deren politischer Nachlassverwalter versteht (zur »Konservativen Revolution« vgl. Breuer 1995).

Die christlichen Kleinparteien

Mit der »Christlichen Mitte« (CM), der »Partei Bibeltreuer Christen« (PBC) und der Partei »Arbeit, Umwelt und Familie« (AUF) existierten bis 2015 drei explizit christliche bzw. christlich-fundamentalistische Parteien, die sich in ihrer Agenda besonders dem Bereich »Lebensschutz« verschrieben hatten, politisch jedoch weitestgehend unbedeutend waren (vgl. Sanders/Jentsch/Hansen 2014: 82ff.). Aufgrund ihrer extrem schlechten Wahlergebnisse zog sich die rechtsextreme CM im Februar 2016 aus der Parteienlandschaft zurück und wandelte sich in einen Verein um. AUF und PBC hatten sich bereits im

[1] Siehe hierzu den Beitrag von Felix Korsch in diesem Band.

Jahr zuvor zum »Bündnis C – Christen für Deutschland« zusammengeschlossen. Nach dem Rückzug der CM war diese Fusion »ein weiteres Zeichen der Konsolidierung auf dem Feld der nicht-etablierten christlichen Kleinparteien in der Bundesrepublik« (Thielking 2017: 196). In der AfD, die keine christliche Partei ist, gingen säkulare und christliche Rechte früh eine »Synthese« (Birsl 2017: 108) ein. Vereinzelt wechselten frühere Parteimitglieder der PBC und der AUF in die AfD und engagierten sich in der marginalen, innerparteilichen Vereinigung »Christen in der AfD« (ChrAfD). Seit ihrer Gründung übt zudem das Netzwerk »Zivile Koalition« von Beatrix von Storch als »politisch wirksamste christlich-fundamentalistische Kraft« (Kemper 2016: 95) innerhalb der Partei einen starken Einfluss aus. Es verwundert daher nicht, dass »Lebensschützer« aus verschiedenen Verbänden in der AfD früh eine Chance auf erfolgreiche Parteipolitik sahen.

Die nichtneonazistischen Rechtsaußenparteien

Das Spektrum der Rechtsaußenparteien war bisher stark zersplittert (vgl. Spier 2016: 259f.). Zum Zeitpunkt der Gründung der AfD befanden sich die diversen rechten und extrem rechten Klein- und Kleinstparteien im Bereich politischer Bedeutungslosigkeit, im politischen wie personellen Niedergang und oder hatten sich bereits aufgelöst. Lediglich auf kommunalpolitischer Ebene sind ihre Akteure noch wahrnehmbar. Es waren vor allem die Mitwirkenden jener Rechtsaußenparteien, die, wie »Die Republikaner« (REP), der »Bund freier Bürger« (BFB), die »Partei Rechtsstaatlicher Offensive« (»Schill-Partei«) oder »Die Freiheit« (DF), in der Vergangenheit von CDU/CSU- bzw. von FDP-Abtrünnigen ins Leben gerufen worden waren und die nun Hoffnungen in eine neue, erfolgreichere Rechtspartei setzten. Ehemalige REP-, BFB-, Schill-Partei- und DF-Angehörige gehörten zum Grundstock der AfD. Für Ostdeutschland kommen noch Reste der »Deutschen Sozialen Union« (DSU) hinzu (vgl. Schulze 2017: 291).

Hinsichtlich der »politische[n] Gemeinsamkeiten, inhaltliche[n] sowie zugleich auch personelle[n] Kontinuitäten« gelten insbesondere der im Jahr 2000 aufgelöste BFB und die DF als »rechte Vorläuferparteien der AfD« (Häusler/Roeser 2015: 28). Im September 2013 kündigte DF-Mitbegründer René Stadtkewitz mit Blick auf die frühen Wahlerfolge der AfD an, die Partei zukünftig unterstützen zu wollen und nur noch auf kommunaler Ebene bei Wahlen anzutreten. Die Ziele der AfD würden sich »zu mindestens 90%« mit denen der DF decken (zit. n. ebd.: 34). Sein Nachfolger Michael Stürzenberger verlautbarte, so lange mit der DF weiterzumachen, bis sich die AfD für die Anti-Islam-Agitation öffne. Eines von mehreren Zielen, das er 2016 erreicht sah. Nachdem die

Partei im Dezember 2016 ihre Auflösung bekannt gab, wanderte ein Großteil der Mitglieder zur AfD ab, die unter ihrem damaligen Bundessprecher Bernd Lucke daraufhin einen Aufnahmestopp verhängte.

Die zur bedeutungslosen Kleinpartei geschrumpften REP setzen gegenüber der AfD auf Eigenständigkeit. Auch die rechtsextreme Partei »Bürgerbewegung pro Deutschland« (PRO D) konzentrierte sich angesichts der Erfolge der AfD zunächst auf den Auf- und Ausbau der eigenen Organisation. Zwar gelang es ihr mit einigen Provokationen temporär öffentliche Aufmerksamkeit zu erzielen, dennoch schaffte sie es mit ihrem Kernthema – dem Verschwörungsmythos Islamisierung – nicht, politisch breitere Wählerschichten zu erreichen (vgl. Häusler 2017: 225). Zwölf Jahre nach ihrer Gründung gab sie Ende November 2017 ihre Auflösung bekannt. Die Parteiführung rief anschließend Mitglieder und Mandatsträger dazu auf, in die AfD einzutreten. Mit ihr sitze »erstmals eine freiheitliche Kraft« im Bundestag (zit. n. lov/dpa 2017). Die AfD wiederum blockte mit dem Verweis auf ihre Unvereinbarkeitsbeschlüsse eine Aufnahme der PRO D-Mitglieder.

Die neonationalsozialistischen Parteien

Seit Ende 2011 steckt die älteste Rechtspartei der Bundesrepublik, die »Nationaldemokratische Partei Deutschlands« (NPD), erneut in einer tiefen Krise. Zwar zeigt sie aktuell bundesweit als ein Organisator flüchtlingsfeindlicher Proteste durchaus massive Präsenz, politisch profitiert sie davon im Moment jedoch kaum. Die optimistische Prognose des derzeitgen NPD-Vorsitzenden Frank Franz aus dem Jahr 2013, die AfD werde »eine Eisbrecher- und Türöffner-Funktion« und »die Rolle des nützlichen Wegbereiters« (zit. n. Kopke/Lorenz 2016: 23) für die eigene Partei spielen und so neue Wählerschichten erschließen, erwies sich bislang als komplette Fehleinschätzung. Vielmehr ist es – so der Thüringer NPD-Landesvorsitzende Thorsten Heise – die »weit linksstehende Konkurrenzpartei« (zit. n. Paul 2018), die die NPD unter Druck setzt.

Zeitgleich mit dem Einzug der AfD in die Landesparlamente von Sachsen (2014) und Mecklenburg-Vorpommern (2016) verlor die NPD ihre dortigen parlamentarischen Vertretungen. Dies hat sie logistisch wie finanziell empfindlich getroffen. Zwar stufte das Bundesverfassungsgericht im Januar 2017 die Partei als strikt verfassungsfeindlich, aber nicht verbotswürdig ein, doch beantragte der Bundesrat Anfang Februar 2018 einen Ausschluss der NPD aus der staatlichen Parteienfinanzierung.

Auf der anderen Seite konkurrieren mit der NPD die 2012 gegründete Partei »Die Rechte« und die ein Jahr später ins Leben gerufene Partei »Der III.

Weg« um die Anhänger der rechtsextremen Szene. Der Aufbau dieser zwei kleinen, aktivistischen Formationen vollzog sich unberührt von der Entwicklung der AfD. Neben enttäuschten Angehörigen der NPD und ehemaligen Parteigängern der »Deutschen Volksunion« (DVU), waren es in erster Linie Angehörige der parteiungebundenen Kameradschaftsszene, die sich mit einer »Flucht in den Parteienstatus« (Busch 2017) vor staatlicher Repression schützen wollten. Im Gegensatz zur »Bewegungspartei« (Puls 2015) »Die Rechte«, versteht sich »Der III. Weg« als exklusive Kaderpartei (vgl. Kopke 2017a) des »harten Neonazismus«.

Fazit

Innerhalb des zersplitterten politischen Lagers rechts der Unionsparteien erfolgte in den letzten Jahren »eine Verschiebung von offen rechtsextremen Inhalten und Taktiken hin zu populistischen Methoden. Inhalte und Botschaften haben sich jedoch kaum verändert« (Jaschke 2016: 10). Die Wahlantritte der AfD haben früh Auswirkungen auf die Parteien der politischen Rechten gehabt. Dies gilt sowohl für die Wähler- und Mitgliederabwanderungen als auch für die Wahlkämpfe, bei denen ganz ähnliche Themen und Forderungen bedient worden waren (vgl. Häusler 2016b: 244). Ihren Erfolg verdankt die AfD neben ihrem Agenda Setting besonders ihrem Charakter als rechte Sammlungsbewegung. Der Sozialwissenschaftler Fabian Virchow verglich die Partei mit einem »Staubsauger« (zit. n. Herzog 2018) für Personal, Themen und Wähler. Gegenwärtig ist sie damit die dominante und finanziell potenteste Rechtsaußenpartei in Deutschland.

In der Anfangszeit bemühte sich die AfD-Führung noch um eine deutliche Abgrenzung zum verfassungsfeindlichen Rechtsextremismus. Dies hat sich inzwischen geändert. Die trotz bestehender Unvereinbarkeitsbeschlüsse zu beobachtende Zusammenarbeit von Teilen der AfD mit offen rechtsextremen Kreisen, wie etwa der »Identitären Bewegung« (IB), scheint nicht zufällig, sondern als Konsequenz einer strategisch gewählten Option. Für die neue außerparlamentarische Protestbewegung von rechts, die sich besonders vor dem Hintergrund der Krise der Flüchtlingspolitik 2015 herausgebildet und radikalisiert hat, ist die AfD der »parteipolitische Anker« (Häusler/Roeser 2017: 23). Beide teilen gemeinsame Feindbilder und zentrale Verschwörungsmythen (vgl. Kopke 2017b). Ob dieser Kurs allerdings auch dann erfolgreich beibehalten werden kann, wenn die Wahlerfolge ausbleiben sollten, wird zu beobachten sein.

Für die verbliebenen Rechtsaußenparteien ist mit der AfD eine bislang unschlagbare Konkurrenz um Personal, Wählerstimmen und Einfluss entstanden. Die auf Abgrenzung und Eigenständigkeit beharrenden Kleinstparteien wurden von der AfD damit faktisch überflüssig gemacht und kämpfen wie zum Trotz auf verlorenem Posten. Gleiches gilt für die AfD-Abspaltungen »Liberal-Konservative Reformer – Die Eurokritiker« (bis November 2016: »Allianz für Fortschritt und Aufbruch«) und »Die blaue Partei«. Mit ihrer Flächenausdehnung ließ die AfD ihnen nur einen schmalen Streifen am rechten Rand des Parteienspektrums.

Literatur

Birsl, Ursula (2017): Ähnlichkeiten und Unterschiede, Verflechtungen: die säkulare und religiöse Rechte in Deutschland, in: Kopke, Christoph/Kühnel, Wolfgang (Hrsg.): Demokratie, Freiheit und Sicherheit. Festschrift zum 65. Geburtstag von Hans-Gerd Jaschke, Baden-Baden, S. 107-129.

Breuer, Stefan (1995): Anatomie der Konservativen Revolution, 2. durchges. u. korr. Aufl., Darmstadt.

Busch, Christoph (2017): Die Flucht in den Parteienstatus, in: Morlok, Martin/Poguntke, Thomas/Zons, Gregor (Hrsg.): Etablierungschancen neuer Parteien, Baden-Baden, S. 163-186.

Decker, Frank/Neu, Viola (Hrsg.) (2017): Handbuch der deutschen Parteien, 3. Aufl., Wiesbaden.

Dobrindt, Alexander (2018): Für eine bürgerliche Wende, in: Die Welt, 4.1.2018.

Funke, Hajo (2016): Von Wutbürgern und Brandstiftern. AfD – Pegida – Gewaltnetze, Berlin.

Häusler, Alexander (2016a): Die AfD: eine rechtspopulistische Partei im Wandel. Ein Zwischenbericht, hrsg. vom DGB Bundesvorstand, Berlin.

Häusler, Alexander (2016b): Ausblick, in: Ders. (Hrsg.): Die Alternative für Deutschland. Programmatik, Entwicklung und politische Verortung, Wiesbaden, S. 239-245.

Häusler, Alexander (2017): Bürgerbewegung PRO NRW (PRO NRW), in: Decker/Neu (Hrsg.) (2017), S. 220-225.

Häusler, Alexander/Roeser, Rainer (2015): Die rechten »Mut«-Bürger. Entstehung, Entwicklung, Personal & Positionen der Alternative für Deutschland, Hamburg.

Häusler, Alexander/Roeser, Rainer (2017): Rechtspopulismus: Entwicklung und aktuelle Erscheinungsformen in Deutschland, in: Allmendinger, Björn/Fährmann, Joachim/Tietze, Klaudia (Hrsg.): Von Biedermännern und Brandstiftern. Rechtspopulismus in Betrieb und Gesellschaft, Hamburg, S. 18-28.

Herzog, Martina (2018): »Für die NPD bleibt nicht mehr viel übrig«, in: Neues Deutschland, 17.1.2018; www.neues-deutschland.de/artikel/1076521.rechtsradikale-parteien-fuer-die-npd-bleibt-nicht-mehr-viel-uebrig.html (1.2.2018).

Jaschke, Hans-Gerd (2016): Volksgemeinschaft und nationale Identität. Geschichte und Entwicklung des Parteienspektrums rechts der Unionsparteien, in: vorgänge. Zeitschrift für Bürgerrechte und Gesellschaftspolitik, 55. Jg., H. 4, S. 5-12.

Kemper, Andreas (2016): Antiemanzipatorische Netzwerke und die Geschlechter- und Familienpolitik der Alternative für Deutschland, in: Häusler, Alexander (Hrsg.): Die

Alternative für Deutschland. Programmatik, Entwicklung und politische Verortung, Wiesbaden, S. 81-97.

Kopke, Christoph (2017a): Der III. Weg. Personal, Inhalte und Auftreten einer neonazistischen Kleinpartei, in: Burschel, Friedrich (Hrsg.): Durchmarsch von rechts. Völkischer Aufbruch: Rassismus, Rechtspopulismus, rechter Terror, 2. erw. u. akt. Aufl., Berlin, S. 124-132.

Kopke, Christoph (2017b): Verschwörungsmythen und Feindbilder in der AfD und in der neuen Protestbewegung von rechts, in: Neue Kriminalpolitik. Forum für Kriminalwissenschaften, Recht und Praxis, 29. Jg., H. 1, S. 49-61.

Kopke, Christoph/Lorenz, Alexander (2016): Auf dem Weg in die »Nationale Opposition«?, in: vorgänge. Zeitschrift für Bürgerrechte und Gesellschaftspolitik, 55. Jg., H. 4, S. 15-28.

lov/dpa (2017): AfD will Mitglieder von Pro Deutschland nicht haben, in: Spiegel Online, 27.11.2017; www.spiegel.de/politik/deutschland/pro-deutschland-rechtsextreme-splitterpartei-loest-sich-auf-a-1177617.html (1.2.2018).

Niedermayer, Oskar (2017): Die Entwicklung des bundesdeutschen Parteiensystems, in: Decker/Neu (Hrsg.) (2017), S. 97-125.

Paul, Reimar (2018): Zu links für Thorsten Heise, in: taz, 10.1.2018; www.taz.de/!5476364/ (1.2.2018).

Puls, Hendrik (2015): »Die Rechte« als neue Bewegungspartei des Neonazismus, in: Forschungsjournal Soziale Bewegungen, 28. Jg., H. 1, S. 160-164.

Sanders, Eike/Jentsch, Ulli/Hansen, Felix (2014): »Deutschland treibt sich ab«. Organisierter »Lebensschutz«, christlicher Fundamentalismus, Antifeminismus, Münster.

Schulze, Andreas (2017): Deutsche Soziale Union, in: Decker/Neu (Hrsg.) (2017), S. 289-291.

Spier, Tim (2016): Die Wahl von Rechtsaußenparteien in Deutschland, in: Virchow, Fabian/Langebach, Martin/Häusler, Alexander (Hrsg.): Handbuch Rechtsextremismus, Wiesbaden, S. 257-284.

tagesschau.de (2017): Wie die CSU nach rechts rückt, 8.10.2017; www.tagesschau.de/inland/csu-zehn-punkte-101.html (1.2.2018).

Thielking, Kai Oliver (2017): Bündnis C – Christen für Deutschland, in: Decker/Neu (Hrsg.) (2017), S. 195-196.

Wiegel, Gerd (2002): Die Union und der rechte Rand. Zur Strategie der CDU/CSU-Fraktion im Umgang mit Parteien der extremen Rechten, Berlin.

Anna-Lena Herkenhoff / Michael Barthel

Kampagnenarbeit im vorpolitischen Raum – das Beispiel »Werde Betriebsrat«

Bereits Wochen vor einer »Oppositionskonferenz« des »Compact«-Magazins im November 2017 in Leipzig wurde auf der Website der Organisation »Ein Prozent für unser Land« die Werbetrommel gerührt. Unter dem Motto »Am Arbeitsplatz: Patrioten schützen Patrioten« (Ein Prozent 2017b) wolle man mit einer neuen Kampagne Arbeitnehmer ansprechen. Die Compact-Konferenz war so etwas wie der offizielle Startschuss für die praktische Bearbeitung der Sozialen Frage durch die Neue Rechte. Einige Wochen später, im Januar 2018, fand im Hausprojekt der »Identitären Bewegung« (IB) Halle eine Veranstaltung des »Instituts für Staatspolitik« (IfS) statt. Die Kampagne sollte anhand der Frage »Braucht die patriotische Bewegung Gewerkschaften?« vorgestellt werden. Sie beschreibt die Soziale Frage – in Anlehnung an Björn Höckes Credo[1] – als Konflikt zwischen deutschen und fremden Interessen, wobei politische Gegner – Linke, Liberale, »Establishment« – zu letzteren gezählt werden. Letztlich tritt im Aufgreifen der Sozialen Frage von rechts die Vorstellung vom »Großen Austausch« im neuen Gewand auf. Anwesend waren Vertreter*innen von IB, »Ein Prozent«, IfS und Alternative für Deutschland (AfD).

Zwischen den Akteuren des neurechten Netzwerkes herrscht Arbeitsteilung. Die IB und die Initiative »Ein Prozent« spielen dabei die Rolle der Aktiven im vorpolitischen Raum. Sie erledigen die Basisarbeit. Während die Identitären in Halle das Hausprojekt betreiben und mit ihrem aktivistischen Habitus eine Jugendbewegung simulieren, soll »Ein Prozent« als eine Art rechte NGO professionelle Kampagnen entwerfen und durchführen.

Die Identitäre Bewegung

Für die Entstehung der IB in Deutschland seit 2012 spielt das französische Vorbild, die »Génération Identitaire«, eine zentrale Rolle. Die Protagonist*innen der deutschen Neuen Rechten nahmen die sich mit viel Pathos zum Sprachrohr

[1] »Die Soziale Frage der Gegenwart ist nicht primär die Verteilung des Volksvermögens von oben nach unten, unten nach oben, jung nach alt oder alt nach jung. Die neue deutsche Soziale Frage des 21. Jahrhunderts ist die Frage nach der Verteilung des Volksvermögens von innen nach außen.« (Höcke 2016)

der Jugend stilisierenden französischen Identitären mit Interesse zur Kenntnis. Anfang November 2012 waren Götz Kubitschek, Martin Lichtmesz und eine Gruppe der sich damals formierenden österreichischen Identitären um Martin Sellner zu einem Kongress ins französische Orange gefahren (vgl. Sellner 2017: 22). Im Anschluss veröffentlichte Kubitschek in der »Sezession« skizzenhafte Ideen dazu, wie der Aufbau eines deutschen Äquivalents aussehen könnte. Es gelte »nicht auf basisdemokratische Führungsmodelle reinzufallen« (Kubitschek 2012), sondern ein »straff geführtes, deutsches Projekt Identität« (Gamma 2013) aufzubauen. Gut zwei Jahre später leistete der österreichische IB-Kader Martin Sellner aktive Hilfe beim Aufbau der Strukturen in Deutschland (vgl. Kontra Kultur 2014).

Die Betonung einer vorgeblichen Distanz zu klassischen extrem rechten und neonazistischen Strukturen ist zentral für die auf Anschlussfähigkeit abzielende Außendarstellung der Identitären. Jedoch kommen viele ihrer Kader aus solchen Zusammenhängen und waren vorher bei den »Jungen Nationaldemokraten« (JN) oder in Kameradschaftsszenen aktiv (vgl. Sachsen-Anhalt Rechtsaußen 2017). Die Identitären versuchen, durch zielgruppengerechte, satirisch daherkommende Propagandaformate wie etwa das von Aktivisten der »Kontrakultur Halle« betriebene und von »Ein Prozent« finanzierte Youtube-Fomat »Laut Gedacht« den Resonanzraum für rechte Deutungsangebote zu erweitern und ihre Ideen populär zu machen (vgl. Book 2017: 116).

Sie beschreiben sich als Ethnopluralisten und legitimieren so völkische Idealvorstellungen und rassistische Exklusion, ohne sich direkt auf biologistische Konzepte und Begriffe stützen zu müssen.[2] Es ginge ihnen nicht um die »Abwertung anderer Völker«, sondern um die »Verteidigung des Eigenen« (IBÖ o.D.). Infolge einer »von oben herab verordneten Politik« (Marcovics zit. n. Rössler 2016) würden durch globale Migrationsbewegungen die europäischen Bevölkerungsgruppen verdrängt. In Anlehnung an einen ihrer Vordenker, Renaud Camus, nennen sie dieses ideologische Konstrukt einen »großen [Bevölkerungs-]Austausch« (IBD o.D.). Dafür verantwortlich gemacht und als zu bekämpfender »Hauptfeind« identifiziert werden in erster Linie die gesellschaftlichen und politischen Eliten der liberalen Gesellschaft.

Das Ziel einer als Metapolitik ausgewiesenen Strategie der Identitären besteht in der Erweiterung des Diskursraumes nach rechts. In Überwindung einer behaupteten linken kulturellen Hegemonie strebt die Neue Rechte die gesellschaftliche Meinungsführerschaft an. Trotz ihrer dünnen Personaldecke erheben die Identitären in ihrer Außendarstellung den Anspruch, für die schweigende Mehrheit ihrer Generation zu sprechen. Daher sehen sie in den

[2] Zum Rassismus der IB siehe auch Bruns/Glösel/Strobl 2016.

Protesten von Pegida »trotz aller Massenverachtung« (Wessels 2017) auch nützliches Potenzial. Rassistische Proteste gegen die Aufnahme von Geflüchteten dienen den Identitären als Legitimation ihrer eigenen Deutungsangebote. In ihren Aktionen spitzen sie diesen Protest inhaltlich weiter zu und liefern Bilder und Begriffe, womit sie ihr Standing als aktivistische Avantgarde innerhalb einer sozialen Bewegung von rechts untermauern wollen. In ihrem Schulungsmaterial heißt es dazu: »Das Ziel jeder Aktion ist, das *Bild* zu erschaffen, das für eine klare Idee steht.« (IBD 2015)

Das Projekt »Ein Prozent für unser Land«

»Ein Prozent für unser Land« ist aus der Idee entstanden, die sich seit 2015 vermehrt organisierenden rassistischen Proteste gegen die Aufnahme von Geflüchteten zu unterstützen, um den Eindruck eines flächendeckenden Netzwerks »deutschlandweiter Widerstandsbemühungen« (Kubitschek 2015) gegen die Asylpolitik zu erwecken. Neben Götz Kubitschek traten Jürgen Elsässer vom »Compact«-Magazin sowie der AfD-Landtagsabgeordnete Hans-Thomas Tillschneider als Initiatoren auf. »Ein Prozent« will dafür sorgen, dass die »schmutzige Seite der Zivilgesellschaft« (Walter/Geiges/Marg 2015) bestärkt wird und nach außen eine freundliche und seriöse Gestalt bekommt, sammelt Spenden und unterstützt mit Öffentlichkeitsarbeit. Verschiedene rechte Initiativen werden in kurzen Image-Filmen portraitiert, die deren Anliegen als legitim und deren Protagonist*innen positiv darstellen. Die Köpfe hinter dem Projekt betreiben professionelle Kampagnenarbeit und können dabei auf das eigens etablierte Netzwerk als erweiterten Resonanzraum zurückgreifen.

Als offizieller Leiter des Projekts und Vorstand des eingetragenen Vereins »Ein Prozent e.V.« tritt der rechte Verleger und Pressesprecher der deutschen Burschenschaft Philipp Stein auf. Die Imagefilme zeigen oft Aktivist*innen der Gruppe »Kontrakultur Halle« in der Maskerade engagierter Bürger*innen, etwa in Erfurt beim Protest gegen den Bau einer Moschee oder beim Ziehen einer symbolischen Grenze gegen Geflüchtete im thüringischen Schöngleina. »Ein Prozent« ist eine Schnittstelle zwischen IfS, IB, AfD und »Compact«-Magazin. Der als offizieller Mitarbeiter geführte IB-Aktivist Simon Kaupert sprach in einer Rede nach den Landtagswahlen in Sachsen-Anhalt 2016 entsprechend von verschiedenen »Widerstandsbausteine[n]«: »Wir kennen die Form der Demonstrationen, die wir heute hier haben. Wir haben mit der Identitären Bewegung eine aktive Jugend, die endlich mal was macht. Und zusätzlich [...] hat sich auch letzte Woche der Parlamentarische Arm Bahn gebrochen.« (Kaupert 2016)

Die engen Verbindungen zwischen »Ein Prozent« und den Identitären wundern nicht, denn deren Kader sind mittlerweile ein fester Bestandteil der Netzwerke rund um das IfS. Davon zeugt nicht zuletzt das Hausprojekt in Halle, das im Juni 2017 als Projekt von »Ein Prozent« angekündigt (vgl. Ein Prozent 2017a) wurde und seitdem von Aktivist*innen der Gruppe »Kontrakultur« betrieben und bewohnt wird. Es ist der Versuch der Neuen Rechten, neben dem IfS einen weiteren Anlaufpunkt in der Region zu etablieren. Neben einem Büro von »Ein Prozent« befinden sich im Haus auch ein Abgeordnetenbüro von Hans-Thomas Tillschneider sowie ein Büro des IfS-eigenen Verlags »Antaios«.

Den unterschiedlichen Akteuren der extremen Rechten bietet die Mobilisierungsfähigkeit eines Teils der deutschen Bevölkerung für rechte politische Ideen günstige Gelegenheitsstrukturen, um mit ihrem arbeitsteiligen Dreiklang aus Aktivismus, Parlament und strategischer Planung, begleitet durch ein breites publizistisches Netzwerk, im Sinne ihrer metapolitischen Strategie »Begriffe zu setzen und Themen erst zu Themen zu machen« (Mann 2008: 56). »Ein Prozent« kommt in der Selbstbeschreibung als »Bürgerinitiative« daher, de facto ist sie ein weiteres Instrument der Strategen um das IfS, das gegenwärtige Potenzial rechter Aktivitäten zu bündeln und zu kanalisieren, ihnen Sprache und Bilder zu geben und sie zugunsten ihres eigenen Wirkungsbereichs zuzuspitzen.

»Werde Betriebsrat«?

Seit Anfang 2017 wird in der Neuen Rechten die Soziale Frage diskutiert (vgl. Barthel 2017). Die Diskussion hat nicht zuletzt durch gute Wahlergebnisse der AfD unter Arbeiter*innen und Arbeitslosen an Fahrt aufgenommen. Wohlwollend zur Kenntnis genommen wurde ebenfalls, dass überdurchschnittlich viele Gewerkschafter*innen die Partei gewählt haben (vgl. Kaiser 2017). Offenbar sind in der Arbeiter*innenschaft Ressentiments, Ängste und Alltagsprobleme vorhanden, an die die AfD anknüpfen und sich als »Neue Arbeiterpartei« inszenieren kann.

Mit der aktuellen Kampagne »Werde Betriebsrat« versucht auch »Ein Prozent«, sich der Sozialen Frage von rechts zu nähern. Die Akteure aus dem neurechten Netzwerk wirken hierbei arbeitsteilig mit. Aufhänger der Kampagne, die über eine eigene Homepage und Werbevideos verfügt, ist jedoch kein klassischer Aspekt des Arbeitskampfes, sondern das Thema Meinungsfreiheit. Der Kampagnentext formuliert, dass »jeder von uns [...] mittlerweile einen Freund oder Bekannten [habe], der seine Arbeitsstelle aus politischen Gründen verlor« (Werde Betriebsrat o.D.), sei es wegen des Besuchs von Pegida-Demonstrationen, der Unterstützung der AfD oder eines Gesprächs »mit dem Kollegen in der Pause über politische Probleme« (ebd.). Die Feindbeschreibung ist klar: Verantwortlich für »politische[...] Repression bis hin zur Kündigung« (Kaupert 2017) seien »linke Betriebsräte und Gedankenpolizisten« (Werde Betriebsrat o.D.) sowie »Meinungswächter[...] der etablierten Gewerkschaften« (Kaupert 2017). Um dies zu beenden und weiterhin offen besprechen zu können, was der Kampagnentext wenig konkret als »politische Probleme« umschreibt, sollen bei den Betriebsratswahlen ab März 2018 »patriotische Betriebsräte« gewählt und der Einfluss von DGB-Gewerkschaften geschwächt werden.

Simon Kaupert ist mit der Umsetzung der Kampagne betraut. In einem Gastartikel für die »Sezession« schreibt er, worum es geht: »Reale Absicherung des Arbeiters, Ausgleich zwischen oben und unten, Verteilungsgerechtigkeit zwischen den Profiteuren und denen, die diese Profite erst ermöglichen.« (Ebd.) Kaupert nutzt schwammige Formulierungen, denn »Ein Prozent« will sich zwar an Arbeiter*innen richten, aber gleichzeitig Kleinbürger*innen und Mittelständler*innen nicht verprellen. Problematisiert werden vor allem linke Gewerkschaften, danach Konzernbosse, Aktienbesitzer und Manager, die gemeinsame Sache zur »Absicherung satter Profite« (ebd.) mittels Leiharbeit und Standortverlagerungen machen würden.

Die Kampagne sieht keinen prinzipiellen Interessengegensatz zwischen Arbeitnehmer*innen und Arbeitgeber*innen. Ohne den Begriff zu benutzen, wird stattdessen die Betriebsgemeinschaft propagiert. Arbeiter*innen dürfen zwar streiken, aber nicht zu hart, sondern nur in dem Rahmen, den der Betrieb erlaubt: »jeder Arbeitskampf [muss sich] am Wohle der Gesamtbelegschaft und [...] an der realen Situation des Gesamtbetriebes orientieren« (ebd.). Interessen von Arbeiter*innen werden als »individuelle Befindlichkeiten« (ebd.) bezeichnet. Sie »gewerkschaftlich durchzudrücken« (ebd.), gefährde Unternehmen. Kaupert bedient sich bei der Werbung für die »patriotische Gewerkschaft« klassischer Argumentationsfiguren aus Arbeitgeber*innenperspektive. Es geht der »patriotischen Gewerkschaft« nicht um eine starke Interessenvertretung der Arbeitenden, sondern um die Verdrängung der DGB-Gewerkschaften.

Die Kampagne »Werde Betriebsrat« appelliert an die Ideologie des Standortnationalismus, die auch unter Gewerkschaftsmitgliedern verbreitet ist (vgl. Dietl 2017: 118f.). Der Interessengegensatz verläuft hiernach nicht zwischen Arbeit und Kapital, sondern zwischen Betrieb und »globalistische[m] Establishment« (Kaupert 2017), welches Arbeitsplätze in Billiglohnländer verlagern will.

Die Stoßrichtung der Kampagne zielt im Sinne neurechter Beeinflussung des vorpolitischen Raums nicht darauf ab, tatsächlich die Interessen der Arbeiter*innen zu vertreten. Vielmehr soll im Arbeiter*innenmilieu Einfluss gewonnen und die Diskurshoheit der DGB-Gewerkschaften gebrochen werden.

Arbeiter*innen werden nicht in ihrer Rolle als Arbeiter*innen, sondern als arbeitende Deutsche angesprochen. Dies entspricht nicht nur der nationalistischen Ideologie, sondern ist auch ein alternatives Handlungsangebot in gesellschaftlichen Krisenzeiten: Nicht die internationale Solidarität könne den deutschen Arbeiter retten, sondern der nationale Zusammenhalt zur Bewahrung des Standortes.

Den Protagonisten dürfte indes klar sein, dass sie zu wenig Ressourcen, geschultes Personal und Erfahrung haben, um ernsthaft Betriebsratsarbeit betreiben zu können. Sicher ist es möglich, dass einige Kandidaten gewählt werden, jedoch werden sie kaum etwas ausrichten. Vielmehr geht es um die symbolische Inszenierung von Realpolitik. Die Kampagne dringt ohne großen Aufwand in einen Diskursraum vor, der noch weitestgehend als links besetzt gilt. Ihre Präsenz schafft ein Deutungs- und Handlungsangebot für Arbeitnehmer*innen, die empfänglich sind für rechte Propaganda.

Die Gewerkschaften sollen aus Furcht vor Mitgliederschwund in ihrer antirassistischen Haltung einknicken, während rechtsgesinnte Arbeiter*innen ermutigt werden, am Arbeitsplatz offen Rassismus zu propagieren. Auch auf eine Welle gewerkschaftlicher Empörung, die weit über die reale Bedrohung hinausschießt, dürften die Kreise um »Ein Prozent« hoffen. Unüberlegtes Handeln, überstürzte oder falsch wiedergegebene Aussagen aus Gewerkschaftskreisen könnten der Neuen Rechten helfen, einen Skandal herbei zu inszenieren, der schlagartig den Bekanntheitsgrad von »Werde Betriebsrat« vergrößern könnte.

Fazit

Die Aktivitäten von »Ein Prozent« zielen darauf ab, die Reichweite extrem rechter Deutungsangebote durch professionelle Öffentlichkeitsarbeit zu vergrößern. Das gilt auch dort, wo sie sich auf konkretes Handeln in Betrieben beziehen oder Forderungen an die Politik stellen. Das Verhältnis der Kampagne zu ihrem Zielpublikum ist damit vor allem instrumentell.

Es gilt daher, die Selbstdarstellung und die Propaganda der Kampagne nicht mit realem Einfluss zu verwechseln. Stattdessen lohnt sich ein Blick auf den Kontext: So sind es nur etwa 30 Personen – dem Äußeren nach fast ausschließlich aus dem Umfeld der Identitären Bewegung – die am 11. Januar den Weg zum Vortrag ins IB-Hausprojekt finden. Bei Arbeiter*innen scheint jedoch kein großes Interesse zu bestehen. Stattdessen protestieren etwa 100 Gegendemonstrant*innen und die Organisator*innen wirken missgelaunt und ratlos.

Die Kampagne um die Betriebsräte ist als eine PR-Strategie für extrem rechte Gesellschaftsvorstellungen zu behandeln, die zum Teil an Einstellungen in der

Bevölkerung anschließen kann. Es wäre fatal, aus Verunsicherung über manifest werdende rechte Haltungen in den Betrieben die Propaganda und die Deutungen und Forderungen von »Ein Prozent« mit Arbeiter*inneninteressen zu verwechseln. Wer das tut, geht der Strategie der Neuen Rechten auf den Leim.

Die Kampagne wird nicht in der Lage sein, in kurzer Zeit unerfahrenen Personen das nötige Wissen für entsprechendes Auftreten und Betriebsratsarbeit zu vermitteln. Jedoch: Auch die Unerfahrenheit der AfD im parlamentarischen Betrieb wurde stets betont. Trotzdem konnte sich die Partei von Erfolg zu Erfolg hangeln – letztlich ohne sich konstruktiv am parlamentarischen Betrieb zu beteiligen. Auf diesen Effekt hoffen auch die Akteure hinter »Werde Betriebsrat«.

Literatur und Quellen

Barthel, Michael (2017): Sozialistisches Clusterfuck gegen die kapitalistische Mentalität. Wie die »Neue Rechte« die Soziale Frage diskutiert, in: ak – analyse & kritik – zeitung für linke Debatte und Praxis, Nr. 631.

Binkowski, Rafael/Ullenbruch, Sven (2017): »... wenn dein blauer Arm es will«, in: Stuttgarter Nachrichten vom 2.12.

Book, Carina (2017): Mit Metapolitik zur Konservativen Revolution? in: Untergangster des Abendlandes. Ideologie und Rezeption der rechtsextremen »Identitären«. Herausgegeben von Judith Goetz und Joseph Maria Sedlacek u.a., Wien, S. 113-131.

Bruns, Julian/Glösel, Kathrin/Strobl, Natascha (2016): Die Identitären. Der modernisierte Rassismus einer Jugendbewegung der Neuen Rechten, in: Kulturkampf von rechts, herausgegeben von Helmut Kellershohn und Wolfgang Kastrup, Münster, S. 82-91.

Dietl, Stefan (2017): Die AfD und die soziale Frage. Zwischen Marktradikalismus und »völkischem Antikapitalismus«, Münster.

Ein Prozent (o.D.): Homepage Startseite; einprozent.de (30.1.2018).

Ein Prozent (2017a): Anpacken! Hausprojekt kurz vor der Fertigstellung; http://bit.ly/2ErrWa1 (30.1.2018).

Ein Prozent (2017b): Am Arbeitsplatz: Patrioten schützen Patrioten; bit.ly/2z9N0Pr (30.1.2018).

Gamma (2013): »Straff geführtes, deutsches Projekt«, in: Gamma. Antifaschistischer Newsflyer für Leipzig und Umgebung; bit.ly/2rVdtAs (30.1.2018).

Höcke, Björn (2016): Rede auf der AfD-Demo in Schweinfurt am 28.4.2016; zitiert nach bit.ly/2nELaRA (30.1.2018).

IBD (o.D.): Der große Austausch, in: Homepage Identitäre Bewegung Deutschland; bit.ly/2E3ls38 (30.1.2018).

IBÖ (o.D): Identität, in: Homepage Identitäre Bewegung Österreich; bit.ly/2esE8uz (30.1.2018).

IBD (2015): Identitäre Sommerakademie 2015 – Von Karl Martell bis Charles de Gaulle.

Kaiser, Benedikt (2017): Prekäre Schichten oder Professoren – wer wählte AfD? in: Sezession im Netz; bit.ly/2nqouVC (30.1.2018).

Kaupert, Simon (2016): Rede Simon Kaupert – Zukunft Heimat – Luebbenau 19. März 2016; www.youtube.com/watch?v=plu7wAhAnil (30.1.2018).
Kaupert, Simon (2017): Neue Kampagne »Werde Betriebsrat« – warum? In: Sezession im Netz; bit.ly/2BG1eY4 (30.1.2018).
Kontra Kultur (2014): Video Interview Martin Sellner Identitäre Bewegung Österreich; bit.ly/2DQuXU7 (30.1.2018).
Kubitschek, Götz (2012): Beim bloc identitaire in Orange: Maßnahmen, in: Sezession im Netz; bit.ly/2BFT5Ty (30.1.2018).
Kubitschek, Götz (2015): Widerstandsschritte (8): einprozent.de – Für unser Land, in: Sezession im Netz; bit.ly/2FyXqdI (30.1.2018).
Mann, Wiggo (2008): Metapolitik, in: Sezession 25, S. 56.
Rössler, Wolfgang (2016): Der Größte Feind der Identitären ist die offene Gesellschaft, in: NZZ Online; bit.ly/2DQUYCS (30.1.2018).
Sachsen-Anhalt Rechtsaußen (2012): Ein identitäres Haus für die Kontrakultur Halle. Kubitscheks Traum vom Nazikiez; bit.ly/2tEkvFC (30.1.2018).
Sellner, Martin (2017): Identitär! Geschichte eines Aufbruchs, Schnellroda.
Walter, Franz/Geiges, Lars/Marg, Stine (2015): Die schmutzige Seite der Zivilgesellschaft, Bielefeld.
Werde Betriebsrat (o.D.): Startseite Homepage; werdebetriebsrat.de (30.1.2018).
Wessels, Till-Lukas (2017): Kontrakultur – Schlaglichter, in: Sezession 79, S. 50.

Ina Pallinger

Rechte Burschen – Seilschaften auf dem Weg in den Bundestag

Die AfD und die »Deutsche Burschenschaft« (DB) verfolgen nicht nur gemeinsame politische Ziele, sie passen auch strategisch hervorragend zusammen. Beide Organisationen haben Spaltungsprozesse an sehr ähnlichen Sollbruchstellen und eine deutlich völkisch-nationalistische Ausrichtung vollzogen. Der Preis dafür war der Verlust eines nicht geringen Teils ihrer Mitglieder. Personell geschwächt, aber inhaltlich klar rechts ausgerichtet, beziehen sich beide Organisationen auch öffentlich aktiv aufeinander. Durch den Einzug der AfD in den Bundestag und die verschiedenen Landesparlamente haben sich für die Burschenschafter mit ihrem braunen Schmuddel-Image ganz neue Karriereoptionen als Parlamentarier und Fraktionsmitarbeiter ergeben. Die AfD bekommt im Gegenzug genau das gut ausgebildete Personal, das sie für den schnellen Aufbau von Fraktionen braucht. Bei genauem Hinsehen wird klar: Es sind die gleichen Personenkreise, die die völkische Linie in beiden Organisationen vorantrieben und im Netzwerk der rechten Sammelbewegung etablierten.

Interne Grabenkämpfe

Die »Deutsche Burschenschaft« ist mit gut 70 Mitgliedsbünden noch immer der größte Dachverband deutscher und österreichischer Burschenschaften (Kovahl 2017). Noch vor sechs Jahren war die DB jedoch fast doppelt so groß. Motiviert durch einen erbittert ausgetragenen Grabenkampf beschlossen viele Burschenschaften ihren Austritt. Es handelte sich um den größten Spaltungsprozess in der Geschichte des Dachverbandes.

Seit der Wiedergründung in der Nachkriegszeit konnten innerhalb der DB zwei Lager verortet werden: die sich als liberal verstehenden Bünde mit pro-europäischer Ausrichtung, die deutsche Volkszugehörigkeit juristisch und kulturell begründen, und der völkischen Flügel, der einen rassistischen Volksbegriff zugrunde legt. Während der sich als liberaler verstehende Flügel unorganisiert blieb, gründete der völkische Teil bereits 1956 eine Interessengruppe, die »Burschenschaftliche Gemeinschaft« (BG), um sich eine mächtigere Position für ihre völkische Politik im Dachverband zu verschaffen.

Das unterschiedliche Verständnis davon, wer zum deutschen Volk gehören solle, führte immer wieder zu Spannungen im Verband. 1971 wurde von der

»Burschenschaftlichen Gemeinschaft« eingefordert, österreichische Bünde mit in den Verband aufnehmen zu können und damit ein klares Bekenntnis für einen Volksbegriff über Deutschlands Grenzen hinaus zu geben. Im Gegenzug forderten die sich als liberaler verstehenden Bünde die Abschaffung der Pflichtmensur. Dieser Aushandlungsprozess ging als »Historischer Kompromiss« in die burschenschaftliche Geschichtsschreibung ein. Der Flügelstreit brach im Laufe der Jahrzehnte immer wieder hervor, wie 1996, als die Frage diskutiert wurde, ob der Dachverband die deutschen Grenzen nach der Wiedervereinigung anerkennen sollte. Einige Bünde zogen aus der Diskussion Konsequenzen, traten aus und gründeten mit der »Neuen Deutschen Burschenschaft« einen eigenen, wesentlich kleineren Dachverband. Für den Großteil der sich als liberal verstehenden Bünde schienen die Vorteile des großen und gut vernetzten Männerbundes trotz des aggressiven Auftretens der BG zu überwiegen. Die darauffolgenden anderthalb Jahrzehnte bemühte sich der Verband um Burgfrieden, zu Ungunsten des liberal-konservativen Flügels. Kritiker wurden klein gehalten und mit Verweis auf den Ruf des Verbandes ausgegrenzt (vgl. Heither u.a. 1997; Heither 2000).

Der »Ariernachweis«

Im Jahr 2011 schien dann aber die Grenze erreicht: Im Vorfeld des Burschentages, der jährlichen Versammlung des Dachverbandes, wurden interne Dokumente veröffentlicht, die eine krass rassistische Ausrichtung einiger Bünde offenlegten. Konkret ging es um den in den Medien als »Ariernachweis« bezeichneten Antrag, der sich gegen die Aufnahme eines deutschen Staatsbürgers mit chinesischen Eltern richtete und eine »europäische Gesichts- und Körpermorphologie« als Bedingung für eine Mitgliedschaft forderte. Nach medialer Empörung wurde der Antrag zwar zurückgezogen, der Dachverband geriet aber unter solchen Druck, dass die internen Widersprüche nicht mehr gedeckelt werden konnten. Der rechtsliberale Flügel organisierte sich in der »Initiative burschenschaftliche Zukunft« (IBZ) und scheute die Auseinandersetzung nicht mehr.

Die folgenden Burschentage waren geprägt von Konflikten zwischen den Flügeln, es zeigte sich aber bald, dass die BG die entscheidenden Positionen besetzte und die Vorherrschaft im Dachverband hielt. Ein Beispiel hierfür ist die Causa Weidner: Der damalige Redakteur des Verbandsblattes und langjährige Aktivist in der extremen Rechten hatte die Hinrichtung des christlichen Widerständlers Dietrich Bonhoeffer als juristisch gerechtfertigt bezeichnet. Der liberalere Flügel wollte ein Zeichen gegen den extrem rechten Flügel setzten und Weidner abwählen. Als das misslang, wurde klar, dass die starke Position des völkischen Flügels nicht zu brechen war. Weidner ist zwar heute nicht mehr Redakteur, er betreut aber bis heute den Twitter-Account der »Deutschen Burschenschaft«. Die Konsequenz war jener radikale Spaltungsprozess, der ab Mitte 2012 bis Ende 2014 zum Austritt der Hälfte der Mitgliedsbünde führte – der völkische Flügel hatte sich durchgesetzt. Teile der ausgetretenen Bünde rund um die IBZ gründeten im Juli 2016 die »Allgemeine Deutsche Burschenschaft« (ADB) (vgl. Brasch/Lubbe 2017).

Die Phase der Neuausrichtung

Die Spaltung bewirkte zwar eine erhebliche finanzielle und personelle Schwächung der »Deutschen Burschenschaft«, sorgte jedoch zugleich dafür, dass man sich nicht mehr um interne Kritiker sorgen musste. Während man sich zuvor bemühte, politisch die Rechtsaußen-Linie der CDU nicht zu verlassen und jedwede Politik rechts davon als Ausrutscher dastehen zu lassen, war nun völlig klar, dass diejenigen Burschenschaften, die jetzt noch im Dachverband verblieben, den offen völkisch-rassistischen Kurs mittragen würden. Damit wurden jedoch auch Kontakte in bestimmte konservative Kreise für den Dachverband verbaut und es mussten neue Bündnispartner gewonnen werden.

Die AfD bot sich dafür in mehrfacher Hinsicht an. Die Partei hatte gerade ihren ersten großen Richtungsstreit beendet, der völkische Flügel hatte sich gegen den rechtsliberalen Flügel durchgesetzt. Die Partei setzte vermehrt ihre Schwerpunkte auf rassistische Mobilmachung gegen Geflüchtete und den Islam und sympathisierte offen mit den rassistischen Demonstrationen in Deutschland. Auch die Burschenschaften hatten sich zu Pegida bekannt und trugen bei deren Demonstrationen die Fahne der Ur-Buschenschaft zur Schau.

Die AfD war von Beginn an attraktiv für das verbindungsstudentische Milieu gewesen. Ihr fortwährender Rechtsruck verstärkte die Zusammenarbeit: Immer mehr rechte Burschenschafter organisierten sich in der Partei. Medial wurde Mitte 2014 über die Frage diskutiert, ob die Partei von extrem rechten Burschen unterwandert würde. Vielmehr ist anzunehmen, dass sich die völkischen Flügel beider Organisationen gut ergänzten und die nötigen Synergieeffekte für einen gemeinsamen Aufstieg schufen.

Die geschwächte DB benötigte dringend neues Selbstbewusstsein. Hierfür lud die Burschenschaft »Germania Marburg« als Festredner keinen Geringeren als den extrem rechten Bewegungsakteur Götz Kubitschek ein. Die Germania gilt als Hardliner in der DB und pflegt gute Kontakte in die extreme Rechte, seit 2011 vor allem zur »Neuen Rechten« rund um das »Institut für Staatspolitik« sowie die Publikationsorgane »Blaue Narzisse« und »Sezession«. Auf der »neurechten« Messe »Zwischentag«, die nach Vertragskündigung der Räumlichkeiten auf Burschenhäusern stattfand, vertrat die »Germania« die »Deutsche Burschenschaft« mit einem Stand, der damalige Sprecher des Dachverbandes Torben Braga unterbrach sein Masterstudium der Politikwissenschaft in Marburg, um Björn Höcke als Assistent direkt zu unterstützen.

»Werte Burschenschafter – Männer!« – so begrüßte Götz Kubitschek auf dem Festkommers der DB die anwesenden Burschenschafter. Kubitschek forderte von ihnen in seiner Rede indirekt, ihre Führungsrolle für den vermeintlichen Volksaufstand einzunehmen. Deutschland sei bedroht von Dreierlei: vom »großen Austausch«, der Aushöhlung der Werte durch die »Gender-Ideologie« und der fehlenden Volkssouveränität. Er erinnerte die Burschenschafter an ihre reichhaltigen Ressourcen – Netzwerke, Häuser, Geld, eine eigene Zeitschrift – und nicht zuletzt an ihre 200-jährige nationalistische Geschichte und Tradition, Deutschland mit ihren Säbeln zu verteidigen. Schließlich forderte er sie auf, auf die »Verteidigung des Eigenen« ihr Glas zu erheben, so der gleichlautende Buchtitel aus Kubitscheks Verlagsreihe. Der neurechte Agitator bot den Burschenschaftlern mit extrem rechtem Vokabular eine politische Marschrichtung an und die Anwesenden waren begeistert, sich endlich wieder als Retter der Nation zu fühlen. Nachdem Kubitschek die DB auf die völkische Linie eingeschworen hatte, lud der Dachverband zum nächsten Burschenschaftstag im Jahr 2016 den AfD-Politiker Alexander Gauland ein, was als politische Besiegelung des Paktes zwischen der DB und der AfD gedeutet werden kann. Beim Burschentag 2017 bezeichnet der Pressesprecher der DB in einem Interview seinen Dachverband ganz offen als Kaderschmiede für die AfD (vgl. Kovahl 2017).

Schaut man drei Jahre nach der Rede von Kubitschek auf die personellen Verbindungen von Partei und DB, kann man feststellen, dass die Burschenschafter bundesweit in der ersten und zweiten Reihe der AfD zu finden sind. Sie sind Mitarbeiter, Assistenten, Referenten, sie sitzen in den Beiräten der Stiftungen und sind selbst Abgeordnete. Die aktuelle Vorsitzende Burschenschaft der DB wirbt auf Twitter mit einer Abwandlung des Parteilogos »Alemannia für Deutschland« und verdeutlicht damit die politischen und organisatorischen Verbindungslinien.

Der autoritäre Männerbund

Gemeinhin wird bei der Analyse von Burschenschaften auf ihre Scharnierfunktion zwischen konservativem und extrem rechtem Milieu verwiesen. Es stellt sich jedoch die Frage, in wieweit das Bild angesichts des gesellschaftlichen Rechtstrends und der vollzogenen Spaltung der DB noch passend ist. Eine erweiterte Perspektive bietet die Analyse des Männerbundes als Lebenswelt, die ich im Folgenden kurz skizzieren möchte. Zentral steht dabei die Frage, welche strukturellen Bedingungen die Burschenschaften als Kaderschmiede für die völkische Sammelbewegung infrage kommen lassen. Dabei sehe ich drei Aspekte des burschenschaftlichen Lebens als zentral an: Die politische Sozialisation samt des burschenschaftlichen Demokratiebegriffs, die Erziehung durch körperlich erfahrbare, gemeinsam erlebte Ausnahmesituationen in einem Männer- und Lebensbund und die den Bünden zur Verfügung stehenden Ressourcen.

Burschenschaften verstehen sich, im Gegensatz zu anderen Verbindungstypen, als dezidiert politische Organisationen in nationalistischer Tradition. Sie legen auf die Erziehung ihrer Mitglieder großen Wert, sie sind Orte der *latenten und manifesten politischen Sozialisation*. Manifeste politische Sozialisationserfahrungen sind dabei z.B. die Fuxenstunden, in denen eine nationalistische Geschichtsdeutung gelernt wird, aber auch weitergehende Inhalte wie der Aufbau des politischen Systems. Manifest sind aber auch die Erfahrungen mit einem bestimmten Begriff von Demokratie, die sich die burschenschaftliche Bewegung auf die Fahnen schreibt. Im Gegensatz zu emanzipativen Demokratiebegriffen – z.B. von auf Konsens ausgelegten basisdemokratischen Verständnissen oder der »Demokratie als Lebensform« (Negt 2010) – lässt sich der burschenschaftliche Demokratiebegriff auf zwei Prinzipien zurückführen: Jeder hat auf den Versammlungen (Konvente genannt) eine Stimme und jeder darf erst einmal alles sagen. Abseits davon sind die Konvente extrem formalisiert verregelt,[1] wie im Übrigen sehr viele Teile des burschenschaftlichen Lebens (vgl. Heither 2000). Viele Entscheidungen sind nach dem Mehrheitsprinzip organisiert, es wird das Wort vom Vorsitzenden erteilt, wer spricht, steht auf. Es handelt sich dabei um ein Demokratieverständnis, bei dem es darum geht, Entscheidungen der Mehrheit akzeptieren zu lernen, nicht um das Erlernen von Aushandlungsprozessen oder einer Debattenkultur.

Sowohl das Fechten von Mensuren als auch das rituelle Trinken sind in Studentenverbindungen ein bereits oft beschriebenes *Erziehungsmittel*. Im Sinne der politischen Sozialisation handelt es sich dabei um latente Prozesse, das politische Lernen steht dabei nicht direkt im Mittelpunkt, es werden aber Grundlagen der Haltung und Weltanschauung geprägt. Es geht bei der Mensur da-

---

[1] Entnommen aus der Satzung der Marburger Burschenschaft Rheinfranken in: Der Rheinfranke. Buch der Marburger Burschenschaft Rheinfranken, zur Erziehung der jungen Bundesbrüder. rheinfranken.noblogs.org/files/2016/12/Fuxenkladde.pdf (4.2.2018).

rum, Härte gegen sich und andere zu erlernen, für den Bund seinen Mann zu stehen und eher eine Verletzung in Kauf zu nehmen, als den Kopf wegzuziehen. Das Trinken ist vor allem ein Aspekt der Vergemeinschaftung, der jedoch auch strikt verregelt ist. Es geht, folgt man z.B. dem Allgemeinen Deutschen Biercomment,[2] beim verbindungsstudentischen Trinken sehr viel um Ehre, wobei die Würde in den dabei erzeugten Ausnahmezuständen häufig auf der Strecke zu bleiben scheint (vgl. Krebs/Kronauer 2010).

Neben den direkten erzieherischen Aspekten bieten Kneipe und Mensur der burschenschaftlichen Lebenswelt eine leibliche Erfahrungswelt. Diese liegt eben nicht auf der kognitiven Ebene, nicht auf der Ebene angelesener Ideologie, sondern ist für das Individuum direkt erfahrbar und schafft damit eine vertiefende Ebene der Sozialisation in der Gemeinschaft anderer Männer. Diese Art der Vergemeinschaftung, gepaart mit dem lebenslangen Treueschwur des Bundes, führt zu jener besonderen Verbindung, die von Burschenschaftern in Interviews immer wieder betont wird. Diese ist in der Analyse der aktuellen extrem rechten Netzwerke elementar: Wer zusammen geschwitzt, gekotzt und geblutet hat, erlebt die burschenschaftliche Verbindung physisch und psychisch als wahrhaftigen Bund fürs Leben.

Geld, Häuser und Netzwerke – die *materiellen Ausstattungen der Burschenschaften* sind für das rechte Netzwerk wichtige Ressourcen. Die Häuser sind unkündbare und damit sichere Veranstaltungsräume für Vorträge und größere Veranstaltungen wie der »Zwischentag«, der einmal bei der Breslauer Burschenschaft »Alte Raczeks zu Bonn« und einmal bei der »Frankonia Erlangen« stattfand. In jeder Stadt können potenziell Vernetzungstreffen stattfinden. Die Häuser werden oft von gemeinnützigen Vereinen betreut, mit denen sich steuerfrei die Infrastruktur aufrechterhalten lässt. Durch das Verbandsorgan lässt sich die verbandsinterne Öffentlichkeit erreichen, direkte oder indirekte Werbung für die Partei und die der Bewegung zugehörigen Organisationen ist leicht realisierbar. Außerdem bietet der Lebensbund mit seinen Seilschaften nützliche Kontakte zu Behörden, Ministerien und Gerichte. Im Gegenzug dazu bekommen die gut ausgebildeten Burschenschafter nun im Parteiapparat der AfD Karriereoptionen, die ihnen seit der offen völkischen Ausrichtung verwehrt geblieben wären.

---

[2] Im »Allgemeinen Deutschen Biercomment«, der seit dem Jahr 1900 veröffentlicht wird, sind u.a. die Regeln und Bedeutungen des gemeinsamen Biertrinkens dargelegt (vgl. www.markomannenwiki.de/index.php?title=Allgemeiner_Deutscher_Biercomment).

Bestens ausgestattete rechte Kaderschmiede

Für das Netzwerk der rechten Sammelbewegung bedeuten die Burschenschaften einen Fundus an auf verschiedenen Ebenen intrinsisch motiviertem Personal, das erstens durch die politische Sozialisation gewohnt ist, auch individuell als falsch empfundene Entscheidungen für die Gemeinschaft mitzutragen, zweitens eine gemeinsame Erfahrungswelt hat, die nicht nur ideologisch gefestigt, sondern auch inkorporiert wurde, und drittens bestens ausgestattet und vernetzt ist. Die Burschenschafter sind nicht nur im völkischen Teil der AfD anzutreffen, sie sind Kader der Identitären Bewegung und anderer Vorfeldorganisationen und sehen die AfD als ihren parlamentarischen Arm an.

Nicht nur die »Deutsche Burschenschaft« weist die Verbindungen zur AfD auf, auch der kürzlich neu gegründete Verband der ausgetretenen Burschenschaften, die »Allgemeine Deutsche Burschenschaft« sucht die Nähe zur AfD. Bisher liegen nur wenige Analysen zur AdB vor, eine erste Einschätzung lieferte 2014 Lucius Teidelbaum im »Antifaschistischen Infoblatt«. In der Ausgabe 2/2017 der AdB-Zeitschrift »Der Burschenschaftler« veröffentlichte der AfD-Bundestagsabgeordnete Albrecht Glaser einen Artikel. Der ehemalige Stadtkämmerer von Frankfurt stand wegen einer Rede in der Kritik, die er beim Kreisverband Bergstraße gehalten hatte. In dieser grüßte er laut Wiesbadener Kurier die Anwesenden aus »Hessen und den angrenzenden Gauen«. In Bezug auf Migration benannte er es als eine »schicksalhafte Aufgabe«, die »Zerstörung Deutschlands zu verhindern«. Dazu lohne es sich, »noch einmal die Stiefel anzuschnallen und den Revolver auszugraben«, so der AfD-Politiker (Wiesbadener Kurier 2018).

Die AfD beweist damit, dass ihre Politik auch noch nach den Richtungsstreits im akademischen Milieu tragfähig ist. Die extreme Rechte mobilisiert eben nicht nur die Abgehängten, Verängstigten und Verdrossenen. Die Universitäten werden sich mit der Frage des Umgangs mit extrem rechten Personen verstärkt auseinandersetzen müssen.

Die aktuelle Legislaturperiode wird für die Zukunft dieser in den letzten Jahren aufgebauten Netzwerke richtungweisend sein. Götz Kubitschek bezeichnete den Einzug der AfD in den Bundestag als »erneute Resonanzraumerweiterung« für die rechten Netzwerke. Sie sind im deutschen Parlament als einflussreichster Stelle der Politik installiert. Damit stehen der völkischen Sammelbewegung öffentliche Mittel für ihre antidemokratische Arbeit zur Verfügung, sie sitzen aber auch an einer wichtigen Informationsschnittstelle, um die Angriffspunkte ihrer politischen Gegner ermitteln zu können. Beispiele dafür finden sich zahlreich in den Landesparlamenten, in denen die AfD Anfragen zu Genderthemen und Rechtsextremismusprävention stellt und die öffentliche Förderung angreift. Die Akteure machen aus ihren jeweiligen Vorhaben kein Geheimnis und benennen offen ihre Strategien. Ein Blick nach Österreich zeigt, was das verzahnte Arbeiten einer offen rechten Partei mit den Burschenschaften bedeuten kann.

Literatur

Brasch, Sonja/Lubbe, Leopold (2017): Der Rechtstrend der Deutschen Burschenschaft – Rückschau und Ausblick. In: Autoritär, Elitär, Reaktionär. Reader zur Verbindungskritik. 2. Auflage, Frankfurt a.M., S. 40-47.

Heither, Dietrich (2000): Verbündete Männer, Die Deutsche Burschenschaft – Weltanschauung, Politik und Brauchtum, Köln.

Heither, Dietrich/Kurth, Alexandra/Gehler, Michael/Schäfer, Gerhard (Hrsg.) (1997): Blut und Paukboden: eine Geschichte der Burschenschaften, Frankfurt a.M.

Kovahl, Ernst (2017): Burschenschaft: »Beschränkter Teutomanismus«. In: Der Rechte Rand Nr. 169, S. 6-8.

Krebs, Felix/Kronauer, Jörg (Hrsg.) (2010): Studentenverbindungen in Deutschland: ein kritischer Überblick aus antifaschistischer Sicht, Münster.

Negt, Oskar (2010): Der politische Mensch: Demokratie als Lebensform, Göttingen.

Teidelbaum, Lucius (2014): Deutsche Burschenschaft light. In: Antifaschistisches Infoblatt Nr. 104.

Wiesbadener Kurier (2018): Rassistische Töne bei AfD-Treffen, in: Wiesbadener Kurier vom 30.1.2018; www.wiesbadener-kurier.de/politik/hessen/rassistische-toene-bei-afd-treffen_18488144.htm (12.2.2018).

Christiane Leidinger / Heike Radvan

Antifeminismus und Familismus von rechts

Seit 2006 werden Gender, Feminismus und ihre Vertreter*innen »kampagnenartig[...]« im bürgerlichen Feuilleton angegriffen, so etwa in der FAZ (Lang 2017: 63).[1] Während es sich anfänglich um einzelne Stimmen von *weißen*, heterosexuell lebenden bürgerlichen Journalisten handelte, ist der Raum des Sagbaren – nicht nur bezogen auf Feminismus und Gleichstellung von Frauen – inzwischen deutlich erweitert und die Anzahl sowie soziale Positionierung derer, die in der Öffentlichkeit gegen (queer-)feministische und frauenpolitische Perspektiven und Politiken hetzen, spürbar größer geworden.

In der extremen Rechten und im Rechtspopulismus sind Familien-, Frauen-, Geschlechter- und Sexualpolitiken neben dem Komplex Einwanderung bedeutsame Felder, die von den Akteur*innen strategisch eingesetzt werden. Demgegenüber wird diese Themensetzung in der Mehrzahl fachwissenschaftlicher Analysen nur marginal berücksichtigt oder ausgespart; gleichzeitig ist eine stärkere Fokussierung in einzelnen neueren Veröffentlichungen zu beobachten (vgl. hierzu ausführlich Leidinger/Radvan 2017: 78).

Insbesondere folgende genderbezogene Themen werden vom breiten Spektrum von Rechtspopulist*innen – so auch von der AfD auf Landes- und Europaebene – besetzt: geschlechterreflektierende Pädagogik, sexuelle Bildung (Ansätze einer Sexualpädagogik der Vielfalt), reproduktive Rechte von Frauen, Reproduktionsmedizin einschließlich des sogenannten Embryonenschutzes (vgl. Kemper 2014a: 34-41; Jentsch 2016), Mutterschaft als Beruf (vgl. Sauer 2017: 10) und Berufung, Abwertung gleichgeschlechtlicher Lebensweisen und -gemeinschaften, insbesondere der »Ehe für alle« (zur AfD vgl. Kemper 2014a: 26-29), Väterrechte, Scheidungsrecht, Ein-Eltern-Familien (vgl. AfD 2016; AfD 2017), Alltagssexismus, (sexualisierte) Gewalt gegen Frauen, Gender Mainstreaming und Gleichstellungspolitiken (Quotierung, Gender-Pay-Gap, Anti-Diskriminierung; vgl. Schutzbach 2016; auf EU-Ebene Hentges/Nottbohm 2017), Geschlechterverhältnisse (vgl. Weiss 2013; Quelle: Jongen 2018) und geschlechtergerechte Sprache, Gender Studies sowie Sozial- und Kulturwissenschaftskritik (vgl. Schutzbach 2016; Blech 2018).

---

[1] In der (extremen) Rechten werden Feminismus und damit auch Feminist*innen abgewertet. Dies ist historisch nicht neu (vgl. Schutzbach 2016: insb. 583).

Um rechtspopulistische Aussagen mit Bezug zur Kategorie »Geschlecht« und Intersektionen sicht- und bearbeitbar machen zu können, haben wir das Konzept Familismus als Analyseinstrument vorgeschlagen (vgl. Leidinger/Radvan 2017), mit dem wir auch in diesem Beitrag arbeiten und argumentative Grundstrukturen herausarbeiten.

Familismus als Analyseinstrument

Grundsätzlich ist das Konzept sinnvoll, da es offenlegt, in welch hohem Maße familistische Denk- und Handlungsweisen an die sogenannte Mitte der Gesellschaft anschlussfähig sind und damit nicht als problematisch und anti-demokratisch wahrgenommen werden. Der soziologische Begriff *Familismus* (auch: *Familialismus*) bezeichnet im Kern eine Ideologie der bürgerlichen, heterosexuell zweigeschlechtlich gedachten Kleinfamilie als »Leitform der Sozialstruktur« (Notz 2015: 17). Familismus ist nicht auf (extreme) Rechte begrenzt. Vielmehr ist er historisch gewachsen und wurde beispielsweise 1949 in das Grundgesetz der BRD eingeschrieben, »in dem die Auffassung von Ehe und Familie als wichtigster Baustein einer Gesellschaft aufgenommen [...] und somit eine konservative Familienideologie [...] verfestigt wurde« (ebd.: 10). Die *weiß*-deutsche heterosexuelle Familie wird dabei als »die Existenz des Einzelnen sichernde[...] sowie den gesamtgesellschaftlichen Zusammenhang stützende[...] Instanz« zentral gesetzt (ebd.: 17). Das System dieser Familien ist das Gemeinwesen, welches nationalstaatlich und staatsbürgerschaftlich gerahmt ist und letztlich *weiße*, heterosexuelle Männer individuell wie auf Gesellschaft bezogen vom Familismus profitieren lässt (vgl. Leitner 2013: 19; Notz 2015: 17; 22). »Familistische Systeme schließen faktisch alle Menschen aus, die nicht zu einer Familie gehören, z.B. Singles, Menschen, die in Heimen oder auch in Kommunen und anderen selbstgewählten Netzwerken leben.« (Notz 2015: 17) In dieser Perspektive gibt es eigentlich keine Menschen ohne Familie, es wird davon ausgegangen, dass »sie früher oder später eine Familie gründen werden oder zu ihr zurückfinden« (ebd.). Auch wenn die vorherrschende Lebensform nicht mehr die heteronormative, monogame Kleinfamilie mit verheirateten Eltern ist, bleibt die vermeintlich vollständige und intakte Familie das »Leitbild« (ebd.: 196f.).

Abweichungen werden insbesondere hinsichtlich der Kinderlosigkeit beklagt (vgl. ebd.: 197). Familismus ist eng verknüpft mit bevölkerungspolitischen Bewertungen und Anrufungen. So gelten Menschen, die ohne Kinder leben, als »Demografiedienstverweigerer« (Andreas Püttmann 2012 zit.n. Notz 2015: 202). Dabei zeigen sich auch Anschlussmöglichkeiten an extrem rechte

Publikationen, die eine bevölkerungspolitische Katastrophe beschwören (vgl. Siri 2016: 70; 74). Die Anforderung an Reproduktion in der rechten familistischen Diktion ist jedenfalls exklusiv bezogen auf *weiß*-deutsche, bürgerliche Familien und damit bevölkerungspolitisch völkisch-nationalistisch ausgerichtet sowie klassistisch aufgeladen (vgl. z.B. Kemper 2016: 93; Quellen: AfD 2016: 41; AfD 2017: 37).

Das naturalisierte Familienmodell basiert neben Heterosexualität auf polar-zweigeschlechtlich und dabei sexistisch-hierarchisch gedachten Geschlechtervorstellungen von Frauen und Männern. Dies drückt sich kapitalistisch-ökonomisch in der Familien- und Erwerbsarbeit in einer geschlechterhierarchischen Arbeitsteilung aus (vgl. Leitner 2013: 16; 19; Notz 2015: 17; 22f.; 203f.).

Die AfD bezog sich 2016 auf Alleinerziehende als vermeintlich unvollständige Familien. In ihrem Entwurf zum Grundsatzprogramm ist die Streichung finanzieller Hilfen für Alleinerziehende beabsichtigt (vgl. insbes. Kemper 2014; 2016). Wieder eingeführt werden sollte eine Art Schuldprinzip bei Ehescheidungen (vgl. AfD 2016a: Kap. 5). Im AfD-Bundestagswahlprogramm 2017 wurde postuliert: Alleinerziehen sei »kein Idealfall«; es müsse differenziert werden, ob es sich um eine unverschuldete (sic) Situation handele oder um einen selbstgewählten Lebensentwurf. Bei Letzterem wird das Streichen staatlicher Unterstützungsleistungen nahegelegt (AfD 2017).

Aktuell sehen wir als besonders kritisch die möglichen Anschlüsse an die sogenannte gesellschaftliche Mitte. Diese finden sich vor allem in folgenden familistischen Teilkonstruktionen: naturalisiertes, heteronormatives Familienbild, rigide zweigeschlechtliche Denkweisen, sexistische Geschlechterbilder, Zuschreibung reproduktiver Arbeit an Frauen, rassistische Vorstellungen von Nation und die Problematisierung einer niedrigen Geburtenrate im Bürgertum (vgl. Notz 2015: 168-174).

Im Familismus mag ein zentraler Grund dafür liegen, dass sich rechtspopulistische wie rechtsextreme Organisationen und Parteien in Europa auf das Thema Geschlecht fokussieren: Birgit Sauer zufolge können »Geschlechterverhältnisse ein Schlüssel zum Verständnis aktueller Strategie« (Sauer 2017: 4) sein, mit denen auch das »anti-pluralistische, anti-liberale und anti-demokratische Projekt des Rechtspopulismus« sichtbar und bearbeitbar gemacht werden kann, handelt es sich dabei doch um eine »Zuspitzung der immer schon existierenden Geschlechterungleichheit und des Sexismus kapitalistischer Gesellschaften und liberale[r] Demokratien« (Sauer 2017: 4; 14f.). Die rechtspopulistische Hinwendung zu den Themen Feminismus und Geschlechterforschung lässt sich als Antwort auf das – je nach Ausrichtung – liberale oder radikale feministische Veränderungspotenzial familistischer Gesellschaften verstehen. Geschlechterpolitik wird im Rechtspopulismus jedenfalls »als etwas dargestellt, das der Einheit von Familie entgegensteht« (Siri 2016: 74).

Argumentative Grundstrukturen: Externalisierung, Privatisierung und Monopolisierung

Fragt man, welche semantische Struktur rechtpopulistischen Argumentationen zugrunde liegt, so zeigt sich als modus operandi eine Differenzsetzung: Unterschieden wird – und das themenunabhängig – zwischen »Wir« und »die Anderen«. Ebenso wie z.B. bei rassistischen, antisemitischen, heteronormativen oder ableistischen Texten wird hier eine Wir-Gruppe konstruiert, deren Aufwertung funktional ist. Abgewertet, marginalisiert und ausgeschlossen werden »die Anderen«.

Dieser modus operandi ist verbunden mit verschiedenen Konstruktionen. Am Beispiel der Debatten nach den Übergriffen von Männern auf Frauen in Köln Silvester 2015/16 haben wir die argumentative Grundstruktur und Strategie der »Externalisierung« herausgearbeitet und die Schnittfläche zum Familismus aufgezeigt: Schwarzen, migrantischen und/oder geflüchteten Männern wird pauschal zugeschrieben, Täter von (sexualisierter) Gewalt und von Homophobie zu sein. Gewalt wird als *von außen* kommend konstruiert – in die *weiß*-deutsche Gesellschaft und »deren« Familien (Leidinger/Radvan 2017; 2018). Gewalt gegen Frauen im sozialen Nahraum – nachweislich der mit Abstand höchste Anteil – wird dethematisiert und Rechte von Frauen zudem instrumentalisiert. Diese Strategie der Externalisierung lässt sich auch für die Themenbereiche sexuelle Bildung und sexuelle Selbstbestimmung von Frauen aufzeigen (Leidinger/Radvan 2018).

Eine zweite Konstruktion, die sich in rechtspopulistischen Argumentationen findet, benennen wir als Privatisierung. Deutlich herausarbeiten lässt sich dies, wenn Vertreter*innen der Sexualpädagogik der Vielfalt unterstellt wird, »Frühsexualisierung« zu betreiben. So heißt es im Bundestagswahlprogramm der AfD 2017: »Die AfD stellt sich allen Versuchen klar entgegen, durch staatlich geförderte Umerziehungsprogramme in Kindergärten und Schulen das bewährte, traditionelle Familienbild zu beseitigen. Unsere Kinder dürfen nicht zum Spielball einer lauten Minderheit werden. Das ideologische Experiment der Frühsexualisierung ist sofort zu beenden.« (AfD 2017: 40) Polemisiert wird gegen Aufklärung und sexuelle Bildung in der Schule; in Stellung gebracht wird das Elternrecht auf Erziehung: »Die zunehmende Übernahme der Erziehungsaufgabe durch staatliche Institutionen wie Krippen und Ganztagsschulen, die Umsetzung des ›Gender-Mainstreaming‹-Projekts und die generelle

Betonung der Individualität untergraben die Familie als wertegebende gesellschaftliche Grundeinheit.« (AfD 2016: 41) Familie – so scheint es das Ziel zu sein – soll das Monopol auf Wertevermittlung und Erziehung innehaben, worin sich eine Form der Privatisierung und Abschottung gegenüber staatlichen Instanzen und gesellschaftlichen Entwicklungen zeigt.

Seitens der AfD wird auf Landes- und auf Europaebene zentral die positive Sichtbarkeit und Repräsentation von LGBTIQ*[2]-Lebensweisen kritisiert und konkret mit Blick auf Vielfaltspädagogik einerseits als Eingriff in die familiäre Erziehung und andererseits als Zerstörung des traditionellen Familienbildes abgelehnt (vgl. Hentges/Nottbohm 2017: 190-194; Quelle: AfD 2016a: 11).

Mit Blick auf sexuelle und geschlechtliche Vielfalt in frühkindlicher Pädagogik und Schule und den dazu konstruierten Mythos »Frühsexualisierung«, die als »Umerziehung« und Teil der »Gender-Ideologie« (AfD 2016: 55; Jongen 2018) gebrandmarkt wird, mag die Existenz des »Arbeitskreises Homosexuelle in der AfD« (AHO AfD) als Widerspruch erscheinen. Es gibt aber – anders als in der extremen Rechten – keine offene Ablehnung von Lesben und Schwulen. Stattdessen zielt die Partei und ihr Arbeitskreis – so unsere Analyse – auf eine Privatisierung von Homosexualität. Diskriminierung von Lesben und Schwulen wird explizit geleugnet: »Nirgendwo gibt es heute noch nennenswerte Diskriminierung Homosexueller«, hieß es zur baden-württembergischen Landtagswahl 2016 (AfD zit.n. Lang 2017: 65). In den Kernsätzen der AHO AfD, dessen Bundesvorstand ausschließlich aus Schwulen besteht, heißt es ähnlich: »Wir lehnen den Gebrauch des Wortes ›Homophobie‹ (...) ab« (AHO AfD o.J.). Alltagsdiskriminierung – die über rechtliche Benachteiligung hinausgeht – wird gezielt unsichtbar gemacht. Zudem sollen Lesben und Schwule in der Öffentlichkeit unsichtbar sein. Ein Kernsatz der AHO AfD lautet: »Unser Weg der Zukunft ist es, eine eigene Phänomenologie der Homosexualität zu schaffen.« (AHO AfD o.J.)

Die AfD will lesbische und schwule Lebensweisen privatisieren. So ließ die damalige AfD-Spitzenkandidatin und heutige Vorsitzende der AfD-Bundestagsfraktion Alice Weidel über ihr lesbisches Leben verlauten, nachdem sie in einer Fernsehsendung geoutet worden war: »Ich bin damit bestimmt nicht hausieren gegangen.« (Weidel zit.n. Orde 2017) Dass diese Strategie der Privatisierung sehr gut gesellschaftlich anschlussfähig ist, zeigen Ergebnisse der Einstellungsforschung: »Homosexualität wird von der großen Mehrheit zwar akzeptiert, von nicht wenigen aber nur dann, wenn sie leise und nicht sichtbar ist, also homosexuelle Menschen sich nicht in der Öffentlichkeit als ho-

---

[2] Die Buchstaben stehen für Lesbian, Gay, Bisexual, Trans(gender), Inter(sexual), Queer, * für weitere Lebensweisen und Identitäten.

mosexuell outen und darauf verzichten, gleiche Rechte einzufordern.« (Küper/Klocke/Hoffmann 2017: 66; vgl. 25; 35; 48)

Fazit

Wie wir zeigen konnten, ist das Analyseinstrument Familismus geeignet, um argumentative Grundstrukturen wie Externalisierung, Privatisierung und Monopolisierung von AfD und Umfeld herauszuarbeiten. Die von uns analysierten Beispiele zeigen, dass mit der rechtspopulistischen (als auch extrem rechten) Wahl des Themas Familie eine hohe Anschlussfähigkeit in die sogenannte Mitte der Gesellschaft hergestellt werden kann. So richtete etwa die CDU-nahe Konrad-Adenauer-Stiftung Anfang Februar 2018 in Mainz eine Tagung mit dem Titel »Gender, Instrument der Umerziehung?« aus. Im Einladungstext werden Konstruktionen einer »Gender-Ideologie« aufgegriffen und affirmativ reproduziert (vgl. Blech 2018). Dass diese verschwörungsideologische Konstruktion aus der (extremen) Rechten und/oder aus christlich-fundamentalistischen Kreisen kommt, scheint hier kein Problem zu sein. Auch die Wahl von Referierenden legt eine mangelnde kritische Distanz nahe.

Die AfD lässt derzeit in einigen Landesparlamenten mit Anträgen die Abschaffung geschlechtergerechten Sprachhandelns in allen staatlichen Bereichen diskutieren (vgl. ebd.). Dies dürfte sich ebenso weiter fortsetzen wie die Anfragen zu Geschlechterforschung an Hochschulen etwa in Nordrhein-Westfalen und zur Geldvergabe an demokratiefördernde Vereine wie zuletzt in Sachsen-Anhalt.

Der antifeministische und antigenderistische Kampf (vgl. Hark/Villa 2015; Schutzbach 2016) gegen Geschlechterforschung, -pädagogik und Aktivismus wird weiter gehen – eben da Gender sich als »Zuspitzung« (Birgit Sauer) in den schon immer ungleichen Geschlechterverhältnissen eignet und entsprechend anschlussfähig ist. Dabei liegt nahe anzunehmen, dass der nächste Begriff, der ins Kreuzfeuer von AfD und Umfeld geraten könnte, »Intersektionalität« sein dürfte. Analog zu den bisherigen AfD-Konstrukten von »Gender-Ideologie, der Inklusions-Ideologie und der Ideologie des Postkolonialismus« (Quelle: Jongen 2018), könnte dann von einer »Ideologie der Intersektionalität« die Rede sein. Wenn diese Perspektive verstanden worden ist, wird auch die Verbindung zwischen kritischem Feminismus, Inklusion und Postkolonialismus offenkundig werden – und zu einer weiteren und breiten Angriffsfläche.

Literatur und Quellen

AfD (2016): AfD-Grundsatzprogramm. www.alternativefuer.de/wp-content/uploads/sites/7/2016/05/2016-06-27_afd_grundsatzprogramm_web-version.pdf (30.7.2017).
AfD (2016a): Freie Bürger sein, keine Untertanen. Das Parteiprogramm der Alternative für Deutschland (d.i. Entwurf Grundsatzprogramm). www.correctiv.org/media/public/a6/8e/a68ed5e4-32a8-4184-8ade-5c19c37ff524/2016_02_23-grundsatzprogrammentwurf.pdf (30.7.2017).
AfD (2017): AfD-Bundestagswahlprogramm. www.afd.de/wp-content/uploads/sites/111/2017/06/2017-06-01_AfD_Bundestagswahlprogramm_Onlinefassung.pdf (30.7.2017).
AHO (o.J.): Arbeitskreis Homosexuelle in der AfD; aho-afd.de/wofuer-wir-stehen (8.2.2018).
Blech, Norbert (2018): Konrad-Adenauer-Stiftung lädt zu Anti-Gender-Tagung. 31.1.2018. queer.de/detail.php?article_id=30558 (8.2.2018).
Hark, Sabine/Villa, Paula-Irene (Hrsg.) (2015): Anti-Genderismus. Bielefeld.
Häusler, Alexander (Hrsg.) (2016): Die Alternative für Deutschland. Wiesbaden.
Hentges, Gudrun/Nottbohm, Kristina (2017): Die Verbindung von Antifeminismus und Europakritik. Positionen der Parteien »Alternative für Deutschland« und »Front National«. In: dies./Platzer, Hans-Wolfgang (Hrsg.): Europäische Identität in der Krise? Europa – Politik – Gesellschaft. Wiesbaden, S. 167-208.
Jentsch, Ulli (2016): Die »Lebensschutz«-Bewegung und die AfD. In: Häusler, Alexander (Hrsg.) (2016): Die Alternative für Deutschland. Wiesbaden, S. 99-106.
Jongen, Marc (2018): Rede des AfD-Abgeordneten im Deutschen Bundestag 2.2.2018 anlässlich der Beratung zum Thema Globale Bildungspartnerschaft. bundestag.de/mediathek?videoid=7198195#url=L21lZGlhdGhla292ZXJsYXk/dmlkZW9pZD03MTk4MTk1&mod=mediathek (8.2.2018).
Kemper, Andreas (2014a): Keimzelle der Nation? Familien- und geschlechterpolitische Positionen der AfD – eine Expertise. Hrsg. v. Friedrich-Ebert-Stiftung. Berlin. www.library.fes.de/pdf-files/dialog/10641.pdf (Abruf 30.7.2017).
Kemper, Andreas (2014b): Keimzelle der Nation? Teil 2. Hrsg. v. Friedrich-Ebert-Stiftung. Berlin. www.library.fes.de/pdf-files/dialog/11163.pdf (Abruf 30.7.2017).
Kemper, Andreas (2016): Antiemanzipatorische Netzwerke und die Geschlechter- und Familienpolitik der Alternative für Deutschland. In: Häusler, Alexander (Hrsg.): Die Alternative für Deutschland. Wiesbaden, S. 81-97.
Küpper, Beate/Klocke, Ulrich/Hoffmann, Lena-Carlotta (2017): Einstellungen gegenüber lesbischen, schwulen und bisexuellen Menschen in Deutschland. Ergebnisse einer bevölkerungsrepräsentativen Umfrage. Hrsg. v. Antidiskriminierungsstelle des Bundes. Baden Baden.
Lang, Juliane (2015): Familie und Vaterland in der Krise. Der extrem rechte Diskurs um Gender. In: Hark, Sabine/Villa, Paula-Irene (Hrsg.): Anti-Genderismus. Bielefeld, S. 167-181.
Lang, Juliane (2017): Feindbild Feminismus. Familien- und Geschlechterpolitik in der AfD. In: Grigat, Stephan (Hrsg.): AfD & FPÖ. Baden-Baden, S. 61-78.
Leidinger, Christiane/Heike Radvan (2017): Antifeministisch-familistische Positionen

im Rechtspopulismus. In: sozialmagazin 11_12/2017, S. 76-83.
Leidinger, Christiane/Radvan, Heike (2018) (i.E.): Antifeminist and familistische Women-, Gender- and Sexualpolitics in Right Wing Populism – Challenge for Social Work. In: Dunn, Kerry/Fischer, Jörg (ed.): Stifled Progress: Social Work and Social Policy in the Era of Right Populism. Leverkusen/Toronto.
Leitner, Sigrid (2013): Varianten von Familialismus. Berlin.
Notz, Gisela (2015): Kritik des Familismus. Theorie und soziale Realität eines ideologischen Gemäldes. Stuttgart.
Orde, Sabine am (2017): Die neue Rechte. 9.9.2017. www.taz.de/!5443023/ (11.2.2018).
Radvan, Heike/Leidinger, Christiane (2017): Diskriminierende, antidemokratische und rechtsextreme Positionen als Herausforderung in Kindertagesstätten. In: Demokratie gegen Menschenfeindlichkeit 2, S. 73-86.
Sauer, Birgit (2017): Gesellschaftstheoretische Überlegungen zum europäischen Rechtspopulismus. Zum Erklärungspotential der Kategorie Geschlecht. In: Politische Vierteljahresschrift 1, S. 1-20.
Schutzbach, Franziska (2016): Der Heidi-Komplex. Gender, Feminismus und der Ekel vor der »Gleichmacherei«. In: Prokla 185, S. 583-597.
Siri, Jasmin (2016): Geschlechterpolitische Positionen der Partei Alternative für Deutschland. In: Häusler, Alexander (Hrsg.): Die Alternative für Deutschland. Wiesbaden, S. 69-80.
Weiss, Alexandra (2013): »Geschlechterkampf« – »Inszenierungen von Frauenmacht und Männerleid«. In: Riegraf, Birgit u.a. (Hrsg.): Geschlechterverhältnisse und neue Öffentlichkeiten. Münster, S. 37-57.

Ulli Jentsch / Eike Sanders

Christlich-fundamentalistische Netzwerke und die AfD

Im Jahr 2017 war die Frage, ob die Alternative für Deutschland (AfD) eine neue Heimat für ein rechtes Christentum sein wird, deutlich präsent: Es war das Jahr mit einer richtungsweisenden Bundestagswahl, mit Feierlichkeiten zum Reformationsjubiläum und mit einem Evangelischen Kirchentag, auf dem auch über das Verhältnis zur AfD gerungen wurde. Während sich die AfD im Wahljahr teilweise offensiv um das christliche Potenzial bemühte, reagierten die beiden Amtskirchen mit deutlicher Kritik an der Partei und deren Auffassungen. Im Ergebnis hat der christliche Fundamentalismus in der AfD einige Rückschläge erlitten und ein Dammbruch in den Kirchen hin zur AfD ist zumindest noch nicht in Sicht.

Sowohl in der evangelischen als auch in der katholischen Kirche gibt es seit Langem ein jeweils spezifisches Phänomen extrem rechter Einstellungen, das noch wenig empirisch und analytisch erforscht ist (vgl. zuletzt Birsl 2018). Christlich-fundamentalistische Kreise, wie wir sie in evangelikalen, freikirchlichen und katholischen Gemeinden antreffen, ihre Argumentationen und ihr Verhältnis zur extremen Rechten – vom Rechtskonservatismus bis hin zur »Neuen Rechten« – haben wir in den vergangenen Jahren im Feld der »Lebensschutz«-Bewegung untersucht. Wir erkennen hier eine vielgestaltige Bewegung, die unter wörtlicher Berufung auf die Bibel (»Bibeltreue«) und in Verteidigung eines angeblich bedrängten Christentums in martialischen Worten den Kulturkampf ausruft: »Unser Ziel ist es also nicht, unseren Gegner zu überzeugen, sondern ihn zu besiegen«, so ein führender Funktionär, denn »sein Ziel besteht darin, uns zu vernichten, auch ganz persönlich und einzeln und nicht nur als Bewegung. (…) Wir sind im Recht. Unsere Gegner sind es nicht. Wir wollen daher nicht beschwichtigen, sondern polarisieren.« (Cullen 2016).

Die Netzwerke

In diesen Netzwerken verbreitet ein vielfältiger Kreis von Vereinen, Organisationen und Medien aktuelle Diskurse, tauscht sich auf Kongressen und Symposien aus, trifft sich zu Märschen für das Leben oder Demos für Alle (Sanders u.a. 2014). Ein typischer Akteur aus dem katholischen Fundamentalismus ist der Internet-Blog »Christliches Forum« (charismatismus.wordpress.com), der im Auftrag des Christoferuswerkes Münster von Felizitas Küble betreut wird und im Jahr 2015 nach eigener Statistik 700.000 Besuche verzeichnete. Von den rund 13.000 Artikeln seit der Gründung 2011 beschäftigen sich inzwischen eine große Zahl mit der AfD, darunter lobende Berichte über deren Wahlkampf in Münster, begleitet von Artikeln und Meldungen aus der »Jungen Freiheit« ebenso wie von der evangelikalen Webseite idea.de, vom rechts-klerikalen Aktivisten Mathias von Gersdorff wie von Beatrix von Storch oder von David Berger. Selbstverständlich wird auch der jährliche »1000-Kreuze-Marsch« in Münster ausführlich beworben.

Noch professioneller kann die unabhängige Evangelische Nachrichtenagentur »idea« agieren, das Medienhaus der »Deutschen Evangelischen Allianz« (DEA) mit rund 1,3 Millionen Mitgliedern. Kern der Arbeit sind das Nachrichtenportal idea.de sowie die seit 1979 erscheinende Zeitschrift »ideaSpektrum«. Nach eigenen Angaben konnte idea.de im Jahr 2017 2,1 Millionen Menschen auf ihrer Webseite und 8.212.500 Personen über Facebook erreichen. Neben den religiösen Aspekten aus der evangelikalen Gemeindearbeit widmet sich »idea« auch allen Fragen der christlichen Betrachtung tagesaktueller Ereignisse, von der Christenverfolgung bis hin zur Frage, ob gleichgeschlechtliche Paare in den evangelischen Gemeinden gesegnet werden dürfen. Die AfD wird dabei ausdrücklich ebenso behandelt wie alle anderen Parteien, die Arbeit der »Christen in der AfD« (ChrAfD) ist regelmäßiges berichtenswertes Thema. Der neue Chef bei idea.de, Matthias Pankau: »Die AfD ist auf demokratischem Wege gewählt worden. In der Tagespolitik kann und muss sie sich nun beweisen – so wie alle anderen Parteien auch. (...) Wir hofieren die AfD nicht, aber wir verteufeln sie auch nicht.« (Pankau 2018)

Die Diskurse

Auf der diskursiven Ebene ist die Nähe der christlich-fundamentalistischen Netzwerke zur AfD und anderen Teilen der Bewegung von rechts nicht zu übersehen. Das Christentum in Europa ist nach fundamentalistischer Auffassung in einen globalen Abwehrkampf verwickelt, dessen Gegner sowohl »der Islam« als auch die fortschreitende Säkularisierung der Gesellschaft seien: »Europa wird entweder christlich sein, oder es wird in wenigen Jahrzehnten muslimisch werden. Diese Tatsache kann Angst machen und lähmen oder Kräfte für den Überlebenskampf mobilisieren« (Schührer/Schührer 2016), so der katholisch-fundamentalistische Verein »Durchblick e.V.« In der Folge wird das Christentum in Europa als Minderheit inszeniert, das durch Einwanderung aus muslimisch geprägten Ländern bedroht wird. Wie kurz der Schritt zu nationalistischer Überfremdungsrhetorik ist, belegt der stellvertretende Vorsitzende der ChrAfD in seiner Bewerbung zum Schriftführer im AfD-Bundesvorstand: »Ich bin auch natürlich Patriot, ich liebe mein Land, ich liebe Deutschland. Und es ist für mich ein Gräuel, wie das alles so abläuft, wie eben unser Land immer mehr sich verfremdet, (...) immer mehr infiltriert wird von fremden Kulturen und das möchte ich nicht (...)« (Kuhs 2017).

Der Kampf »gegen Gender«

»Gegen Gender« zu sein ist vordergründig die Abwehr der wissenschaftlichen Erkenntnis, dass Geschlecht sozial konstruiert ist und es keine natürliche oder gottgewollte Zweigeschlechtlichkeit und Heterosexualität gibt. Dahinter stehen die Abwehr der erkämpften Errungenschaften der Frauen-, Schwulen- und Lesben- sowie der Queerbewegungen, eine Überhöhung der heterosexuellen Ehe mit leiblichen Kindern und eine tendenzielle Abwertung von Menschen und Lebensformen außerhalb dieser Norm. Bedingt durch die Simplifizierung der Feindbilder, die sich in absurden Slogans wie »Gender? Nein danke!« oder der Forderung »Bayern Genderfrei!« der AfD Oberbayern äußert, treffen sich AfD und meist fundamentalistische Akteur*innen des Christentums in Standpunkten und Kampagnen.

Überrascht von der plötzlichen Anerkennung der gleichgeschlechtlichen Ehe, die die katholische Kirche und evangelikale Gemeinden gleichermaßen vehement ablehnten, musste die AfD ihre Opposition gegen die »Homo-Ehe« als Rückzugsgefecht inszenieren und Gauland kündigte sofort die Prüfung einer Verfassungsklage an. Die »Demo für alle« hat seit Juli 2017 62.000 Unterschriften gesammelt, um die bayerische Landesregierung zu einer Normenkontrollklage gegen die »Ehe für alle« zu bewegen und dies auf einem Symposium in Frankfurt im Januar 2018 unter dem Motto »Öffnung der Ehe – Folgen für alle« bekräftigt. Das »natürliche Recht des Kindes auf Vater und Mutter« sei durch das mit der Ehe verbundene Adoptionsrecht gefährdet, auch würden Polygamie, Kinderehe und Leihmutterschaft Tür und Tor geöffnet.

Innerhalb der katholischen Kirche hatte zuletzt der Sinneswandel von Kardinal Marx, der vehement die Öffnung der Ehe abgelehnt und dann kritisiert hatte, für Furore gesorgt: Nachdem der Osnabrücker Bischof Franz-Josef Bode Anfang Januar 2018 die Ehe für alle als »politische Realität« anerkannt hatte, die sich zwar »eindeutig vom Eheverständnis der Kirche unterscheidet«, stellte Marx die Segnung von gleichgeschlechtlichen Paaren »im Einzelfall« in Aussicht. Auch vonseiten der evangelischen Kirche, die »schon seit vielen Jahren für die volle gesellschaftliche und kirchliche Gleichstellung homosexueller Menschen« eintrete, so der Frankfurter Pfarrer Gunter Volz, bekommt der Widerstand der Fundamentalist*innen gegen die Ehe für alle Gegenwind aus den eigenen Reihen.

Die »Demo für Alle« ist schon lange Bezugs- und Treffpunkt von AfD und christlicher Rechter: Nur wenige kirchliche Würdenträger wie Andreas Laun (ehem. Weihbischof von Salzburg) oder Ilya Limberger (Erzpriester der russisch-orthodoxen Kirche Stuttgart) redeten dort im Gegensatz zu vielen Repräsentant*innen verschiedener christlich-fundamentalistischer Organisationen wie der »Deutschen Vereinigung Christlicher Kultur« (DVCK), der DEA oder dem Forum deutscher Katholiken, der AfD oder der »Jungen Alternative«. Das von der »Demo für Alle« verwendete Schlagwort der Frühsexualisierung tut dabei so, als wolle Sexualaufklärung und -pädagogik unschuldige und unwissende Kinder mit Themen konfrontieren, mit denen sie noch nicht in Berührung gekommen seien, als wolle man eine »schuldige, dreckige« Sexualität der Erwachsenen in die »unschuldigen« Kinder pflanzen. Die AfD verkündete 2016, mit der Magdeburger Erklärung eine eigene Kampagne gegen Frühsexualisierung starten zu wollen (AfD Kompakt 2016). Dort heißt es zum Beispiel: »Wir bekennen uns zu einem Schulunterricht, der auch die Botschaft vermittelt, dass nicht Triebbefriedigung, sondern eine intakte Familie primäres Lebensziel sein sollte.« Es blieb bei der Erklärung, jedoch sind es inzwischen mehr als eine Handvoll AfD-Politiker*innen, die sich des Themas angenommen haben, die Anzahl der parlamentarischen Anfragen, der provokativen Reden, der Kampagnen und der Gebrauch der Chiffre zur Skandalisierung von allem, was mit Frauen*- und Minderheitenrechten zu tun hat, haben stetig zugenommen.

Gegen Abtreibung

Der Kampf gegen Abtreibung ist das älteste und konkreteste Politikfeld, auf dem sich AfD und Christentum treffen. Die »Lebensschutz«-Bewegung, deren Kernthema die Ablehnung von Schwangerschaftsabbrüchen ist, ist dabei die offensichtliche Schnittmenge, verbreitert aber auch das Feld der zu betrachtenden Akteure. Bisher ist sich die AfD weit weniger darin einig, wie sie zu der Abtreibungsfrage steht, als viele erwarten. Trotz eines Weltbildes, das in vielen Punkten der Kulturkritik der »Lebensschutz«-Bewegung entspricht, konnten sich radikale Forderungen im Grundsatzprogramm der Partei nicht durchsetzen, man hatte Angst, als »rückwärtsgewandte Abtreibungsgegner« dazustehen (vgl. Sanders 2016). Eingebettet in schwammige moralische Positionierungen heißt es letztendlich: »Die AfD steht für eine Kultur des Lebens und ist im Einklang mit der deutschen Rechtsprechung der Meinung, dass der

Lebensschutz bereits beim Embryo beginnt. Wir fordern daher, dass bei der Schwangerenkonfliktberatung das vorrangige Ziel der Beratung der Schutz des ungeborenen Lebens ist.« (AfD 2016)

All dies entspricht den Grundzügen des Grundgesetzes und der § 218 und § 219 StGB seit 1993. Die Partei fordert lediglich die Überprüfung der »Wirksamkeit der Beratungsscheinregelung«. »Gegebenenfalls ist durch gesetzliche Korrekturen ein wirksamer Lebensschutz zu gewährleisten.« Außerdem solle die Meldepflicht bei Wahrung der Anonymität der Schwangeren verbessert werden. Der Verteidigung des Status quo schiebt die AfD hinterher: »Wir lehnen alle Bestrebungen ab, die Tötung Ungeborener zu einem Menschenrecht zu erklären.« (Ebd.) Gleichzeitig gibt es zahlreiche offene Sympathiebekundungen aus der »Lebensschutz«-Bewegung für die AfD – allerdings nur von Einzelpersonen, es ist keine gemeinsame organisatorische Annäherung zu erkennen. Weder biedert sich die AfD der »Lebensschutz«-Bewegung an, noch schwören »Lebensschützer« ihre Mitstreiter*innen auf die AfD als Vollstreckerin ihrer Ziele ein. Derzeit muss die Frage, ob sich die »Lebensschutz«-Bewegung mit der AfD verbündet, trotz aller ideologischen Übereinstimmungen und realer Schnittmengen mit Nein beantwortet werden.

Nächstenliebe und Asylfrage als rote Linien

Die Obersten der Amtskirchen haben sich entsprechend der Linie, sich nicht in die Politik einzumischen und keine Wahlempfehlungen auszusprechen, lange nicht konkret gegen die AfD positioniert. Im Zuge der sogenannten Flüchtlingskrise und der Explosion rechter und rassistischer physischer und verbaler Gewalt wurde der Widerstand gegen den extrem rechten Aufschwung und damit auch gegen die AfD breiter, vor allem in der EKD. Aber auch der katholische Kardinal Marx sagte in Bezug auf die AfD schließlich, es gebe für Christen rote Linien: Inakzeptabel seien pauschale Ausländerfeindlichkeit, Rassismus, Antisemitismus, Verunglimpfung anderer Religionsgemeinschaften, Hass und Gleichgültigkeit gegenüber den Armen. Ein politisches Agieren, das Ängste vor Überfremdung schüre und einseitig nationale Interessen betone, sei mit der christlichen Perspektive nicht vereinbar. Erzbischof Rainer Maria Kardinal Woelki predigte schon 2016: »Wer Menschen im Mittelmeer ertrinken lässt, lässt Gott ertrinken – jeden Tag, tausendfach; wer Menschen in Lagern zu Tode quält, quält Gott zu Tode – tausend und abertausendfach« und forderte auf, den Schrei nach Gerechtigkeit, Würde und Frieden zu hören (Woelki 2016).

Völlig anders sieht es der freikirchliche Pastor Jakob Tscharntke (2017), der auch gerne bei der AfD auftritt. »Wer sich [...] auf einem eindeutig nicht seetauglichen Gegenstand selbst in akute Lebensgefahr bringt [...], ist doch wohl eher ein Krimineller denn ein Schiffbrüchiger! [...] Hier aber schaffen es Politik, Lügenmedien und sogenannte Kirchen, höchst kriminelle Vorgänge als gemeinnützige Aktionen darzustellen.« In seinem Vortrag »Die Zuwanderung unter dem Aspekt der christlichen Nächstenliebe« beklagt er eine »zutiefst antichristliche Islamisierung« und »die bewusste und gezielte Zerstörung des christlichen Abendlandes«. Ganz ähnlich ablehnend auch die damalige ChrAfD-Sprecherin Anette Schultner auf dem Evangelischen Kirchentag im Mai 2017. Bei einer Diskussion mit Bischof Markus Dröge verknüpfte Schultner ihre Aussagen immer wieder mit den aktuellen Fluchtbewegungen: Eine »unkontrollierte Massenzuwanderung« habe zu viele »falsche« Flüchtlinge nach Deutschland gebracht, darunter angeblich »15-30.000 Terroristen«, es werde zu wenig für »verfolgte Christen« getan, die Kirche wolle aus falsch verstandener christlicher Nächstenliebe »die ganze Welt aufnehmen« (vgl. Jentsch 2017). Und Tscharntke: Gerade die Positionen der AfD zum Islam hätte Martin Luther »ganz gewiß mit allergrößtem Nachdruck ebenfalls vertreten. Ich vermute sehr stark, dass man sagen kann: Martin Luther würde heute AfD wählen!«

Manchmal einig, aber nicht vereint

Mit der Auffassung von einem zugespitzten kulturellen Verteidigungskampf befinden sich die christlich-fundamentalistischen Netzwerke in Übereinstimmung mit denjenigen Teilen der extremen Rechten, die einen Kulturkampf von rechts gegen die angebliche »Islamisierung Europas« führen – welchen die AfD ebenso beschwört wie die Pegida-Bewegung – oder den »culture wars«, die von der Trump-Administration und ihren Sympathisant*innen geführt werden (Sanders et al. 2018). Diese inhaltliche Kongruenz führt jedoch nicht automatisch zur politischen Zusammenarbeit: Das Verhältnis zwischen der religiösen Rechten und der AfD ist nach wie vor voller Widersprüche und Spannungen. Die ChrAfD haben in der Partei nach wie vor eine stagnierende, schwache Position. Die langjährige Hoffnungsträgerin, Anette Schultner, hatte noch auf dem Evangelischen Kirchentag die AfD-Positionen vehement verteidigt, um dann im Oktober 2017 doch, wie zuvor ihr Kollege Hubertus von Below, wegen der zunehmenden Radikalisierung aus der Partei auszutreten. Seitdem profilierte sich vor allem Joachim Kuhs, der im Dezember 2017 als Schriftführer in den Bundesvorstand der AfD gewählt wurde. Die Parteispitze, darunter Alexander Gauland und Armin Paul Hampel, stutzt die Rolle des organisierten Christentums aber immer wieder zurecht auf die einer »von vielen«

kulturellen Strömungen innerhalb der Partei, die Hampel aber nicht als Interessengruppe »innerhalb der Partei« sehen möchte (SWR 2017). Auch wenn die AfD im Jahr 2017 die christliche Basis stark umworben hat, immerhin sollen bis zu vier Millionen mit der AfD sympathisieren (Püttmann 2017), bleiben gerade die kirchennahen Christ*innen in deutlicher Distanz und stehen in der Mehrheit der zivilgesellschaftlichen Opposition näher, als die extrem Rechten gerne behaupten.

Daher auch die andauernden Angriffe auf diejenigen Vertreter*innen der beiden Amtskirchen, die sich kritisch über die AfD äußern, und die Attacken gegen die Kirchenoberen als »Pharisäer«. Die Basis sei viel toleranter gegenüber der AfD als die politisierten Kirchenspitzen, die, so zuletzt Alice Weidel, eine »unrühmliche Rolle [wie] im Dritten Reich« spielten. Im Spannungsfeld antimuslimisch-rassistischer Anti-Migrations-Diskurse ist das im christlichen Selbstverständnis gesetzte Diktum der uneingeschränkten Nächstenliebe derzeit durch fundamentalistische und AfD-nahe Akteur*innen unter Beschuss (vgl. Rzepka 2017). Gerade hieran wird sich der Konflikt zwischen dem kirchennahen und dem (extrem) rechten Christentum weiter entzünden. Die Spaltung der Gesellschaft, die die AfD immer und überall zu forcieren bereit ist, zieht sich auch durch die christlichen Gemeinden.

Literatur

AfD (2016): Grundsatzprogramm; alternativefuer.de/wp-content/uploads/sites/7/2016/05/2016-06-27_afd-grundsatzprogramm_web-version.pdf

AfD Kompakt (2016): AfD-Fraktionen starten Kampagne gegen Frühsexualisierung; afdkompakt.de/2016/11/15/afd-fraktionen-starten-kampagne-gegen-fruehsexualisierung/ (7.2.2018).

Birsl, Ursula (2018): Christliche Rechte: Ein Phänomen der extremen Rechten? In: Der Rechte Rand Nr. 170, Januar/Februar, S. 8-9.

Cullen, Paul (2016): Quo vadis, Lebensschutz?, Rede beim Lebensrecht-Forum in Kassel am 19. November 2016; www.kath.net/news/57579 (26.1.2018).

Jentsch, Ulli (2017): Kirchentag und Vorwahlkampf – Der gescheiterte Versuch, die AfD in Sachfragen zu verstricken. monitor, rundbrief des apabiz e.V., Nr. 78 (Juni), S. 4-5

Kuhs, Joachim (2017): Rede von Joachim Kuhs auf dem AfD-Bundesparteitag in Hannover. AfD-Kompakt TV vom 9.12.2017; www.youtube.com/watch?v=UF51gRxWsEU (26.1.2018).

Pankau, Matthias (2018): »Wir machen Journalismus mit freikirchlicher Brille«, Interview auf katholisch.de vom 3.2.2018; www.katholisch.de/aktuelles/aktuelle-artikel/wir-machen-journalismus-mit-freikirchlicher-brille (7.2.2018).

Püttmann, Andreas (2017): Wie katholisch ist Deutschland ..., ...und was hat es davon?, Paderborn.

Rzepka, Dominik (2017): »Übermaß an Nächstenliebe kann verkehrt sein«. Interview

mit Joachim Kuhs. RBB Online vom 25.5.2017; www.rbb24.de/politik/thema/2017/kirchentag-2017-berlin/beitraege/interview-kuhs-afd-kirchentag-berlin.html (31.1.2018).
Sanders, Eike (2016): Wie Essig und Öl. Zum Verhältnis von »Lebensschützern«, Christentum und der AfD. In: monitor, rundbrief des apabiz e.V., Nr. 74 (Juli): S. 4-5.
Sanders, Eike/Jentsch, Ulli/Hansen, Felix (2014): »Deutschland treibt sich ab«. Organisierter »Lebensschutz«, christlicher Fundamentalismus und Antifeminismus, Münster.
Sanders, Eike/Achtelik, Kirsten/Jentsch, Ulli (2018): Kulturkampf und Gewissen. Medizinethische Strategien der »Lebensschutz«-Bewegung, Berlin.
Schührer, Ulrike/Schührer, Thomas (2016): Der Islam – die Geißel Gottes? In: Der Durchblick Nr. 91, S. 2.
SWR (2017): Wahre Christen oder böse Hetzer?, SWR Online vom 14.9.2017; www.ardmediathek.de/tv/Wahre-Christen-oder-b%C3%B6se-Hetzer/Wahre-Christen-oder-b%C3%B6se-Hetzer/SWR-Fernsehen/Video?bcastId=45946660&documentId=45946712 (1.2.2018).
Tscharntke, Jakob (2017): www.nbc-jakob-tscharntke.de
Woelki, Erzbischof Rainer Maria Kardinal (2016): Predigt am Hochfest des Leibes und Blutes Christi, Fronleichnam 26. Mai 2016; www.domforum.de.

Richard Gebhardt

»Mut zur Wahrheit«?

Compact, Sezession und *Junge Freiheit* – das publizistische Netzwerk der AfD

Das Verhältnis der Alternative für Deutschland (AfD) zur Presse ist gespalten. Ähnlich wie in den Reihen der von den »Patriotischen Europäern gegen die Islamisierung des Abendlandes« (Pegida) über die »Identitäre Bewegung« (IB) bis hin zum Netzwerk »einprozent« reichenden sozialen Bewegung von rechts, wird in der Partei – die vielfach als parlamentarischer Arm dieser Bewegung agiert – eine scharfe Kritik der etablierten Medien laut. Ertönte bei Pegida seit Oktober 2014 der Ruf »Lügenpresse«, ätzte die ehemalige AfD-Vorsitzende Frauke Petry gerne etwas feinsinniger gegen die »Pinocchio-Presse«. Michael Klonovsky, der ehemalige *Focus*-Redakteur und kurzzeitige Medienberater von Frauke Petry, prägte wiederum den Begriff »Lückenpresse« – gemeint sind damit vor allem die großen bürgerlichen Blätter oder der öffentlich-rechtliche Rundfunk, die nach Ansicht des publizistischen Umfelds der AfD über vermeintliche »Tabuthemen« wie »Ausländerkriminalität«, islamistische Terrorgefahr etc. nicht bzw. nur »politisch korrekt« berichten würden.

Die AfD nutzt die etablierten Medien vor allem als Resonanzverstärker für ihre Provokationsstrategie. Durch medial erzeugte Empörung erhält die Partei zusätzliche Aufmerksamkeit. Dem publizistischen Umfeld der AfD kommt vor diesem Hintergrund eine besondere Bedeutung zu. Hier wird eine Gegen-Öffentlichkeit zu den »Mainstream-Medien« geschaffen. In diesem Netzwerk finden jene Grundsatzdebatten statt, die nicht auf das – gerade in den Reihen der Internetpartei AfD so beliebte – Format von Facebook oder Twitter reduziert werden können. In »ihren« Medien findet die AfD ein freundlich gesonnenes Forum. Zugleich arbeiten und diskutieren hier jene Autoren (exponierte Autorinnen sind in diesem Netzwerk eher eine Ausnahme), die gegenwärtig beispielsweise auch für die Bundestagsfraktion der AfD arbeiten oder jene Kampagnen organisieren, die direkten Einfluss auf die Strategie der Partei nehmen sollen.

So wird ein Netzwerk geschaffen, das über die reine Berichterstattung hinausgeht. Mit dem Monatsmagazin *Compact,* der Zweimonatszeitschrift *Sezession* und der Wochenzeitung *Junge Freiheit* verfügt die AfD über Blätter, die zwar nicht als klassische Parteiorgane agieren, in denen aber dennoch die Strategie- und Programmdebatten der Partei ausformuliert werden können. Neben den zahllosen anderen Zeitschriften und Internetblogs, die im Umfeld der AfD verortet werden können (z.B. *Cato, Deutschland-Kurier, PI News, ei-*

gentümlich frei oder *Blaue Narzisse*), sollen die drei genannten Periodika als exemplarische Printorgane des rechten Populismus kurz vorgestellt und eingeordnet werden.

Compact – »Mut zur Wahrheit«

Gründung, Personal und Ausrichtung

Die Monatszeitschrift *Compact* (aktueller Untertitel: »Magazin für Souveränität«. Auflage nach eigenen Angaben angeblich 80.000 Exemplare; als Redaktionssitz wird eine Adresse in Berlin angegeben) erscheint seit Dezember 2010. Seinerzeit wurde eine Testausgabe (sogenannte Nullnummer) veröffentlicht. Im marktschreierischen Boulevardstil richtet sich *Compact* an breite Leserschichten und kündigt neben polemischen Kommentaren zum Zeitgeschehen und politischen Dossiers auch Illustrierten-Stories z.B. über »Moslems, Möpse und Motoren« (*Compact* 2/2018) an. Die Beiträge sind dabei meist in griffig-bildhafter, mitunter auch vulgärer Sprache verfasst. Als Motto gibt die Zeitschrift »Mut zur Wahrheit« an.

Führender Kopf von *Compact* – das von der Compact Magazin GmbH verlegt wird – ist seit dem Magazinstart der Publizist Jürgen Elsässer. Elsässer, der unter dem Titel *Compact* auch Buchreihen, Sonderausgaben und DVDs herausgibt, ist eine schillernde Figur der rechten Parallelöffentlichkeit. Der gefragte Redner auf Veranstaltungen der AfD oder Pegida hat schon in zahlreichen politischen Milieus ein Gastspiel in der Rolle des Provokateurs gegeben. Seine frühe politische Vita begann im Kommunistischen Bund (KB). Als Autor für radikal linke Periodika wie *junge welt, jungle world* oder *konkret* war Elsässer lange Jahre ein Vordenker der »Antideutschen« und verkündete 1995 beispielsweise, er wolle »einen Toast auf Sir Arthur Harris« (den militärischen Leiter des Bombardements auf Dresden im Zweiten Weltkrieg) ausbringen. Im Rahmen seiner Beschäftigung mit dem Zerfall des jugoslawischen Staates und dem Krieg gegen Serbien wurde Elsässer zum bekannten Kritiker der NATO. Diese Rolle nimmt Elsässer auch nach seiner spätestens Mitte der 2000er Jahre durchgeführten Links-rechts-Rochade wieder ein, beispielsweise wenn er mit Titeln wie »Ein Mann will Frieden« das Wort für Wladimir Putins Politik ergreift. Elsässers Credo lautet: »Andere dürfen sich nicht bei uns einmischen – und wir nicht bei ihnen« (*Compact* 9/2016).

Die USA und Israel sind die Feindbilder der außenpolitischen Berichte. *Compact* legt einen besonderen Schwerpunkt auf die Rolle der Geheimdienste in der (inter-)nationalen Politik. In einer Sonderedition zum »Nationalsozialistischen Untergrund« (NSU) lautet der bezeichnende Untertitel »Warum Beate

Zschäpe freigelassen werden muss«. Kritiker sehen in dem Blatt ein verschwörungsideologisches Querfront-Magazin, das AfD und Pegida die Stichworte liefert (Schilk 2017). Der Kurs des auf nutzbare politische Stimmungen fixierten Herausgebers ist mitunter bizarr: Einerseits macht *Compact* mit Parolen wie »Islam – Gefahr für Europa« Stimmung und knüpft so an die »Islamkritik« der AfD an. Andererseits gehörte Elsässer noch im Jahre 2012 zu einer Delegation, die den iranischen Staatspräsidenten Mahmud Ahmadinedschad besuchte.

Bedeutung für die AfD und ihr Umfeld

Compact hat in den letzten Jahren mehrere Konferenzen (u.a. »Souveränitätskonferenzen«) organisiert. Diese dienen der internen Vernetzung und Außenwerbung jenseits der rechten Reihen. In diesem Rahmen konnte das Blatt beispielsweise auch schon den Dramatiker Rolf Hochhuth oder den SPD-Politiker Egon Bahr auf das Podium bitten. Inzwischen spielen prominente Gäste der politischen Linken kaum noch eine Rolle, *Compact* richtet den Focus auf die AfD. Im November 2017 trat auf der »6. Konferenz für Souveränität« in Leipzig Björn Höcke von der AfD Thüringen als Hauptredner auf. Höcke, der Exponent des völkischen Flügels, hielt eine Rede, in der er »Widerstand gegen den Raubtierkapitalismus« forderte. Die AfD müsse als »Anwalt der Arbeiter und {der} Armen die Gegenwehr gegen das globale Finanzkapital organisieren« (*Compact* 1/2018). Höcke gab auch das Leitmotiv dieser Kapitalismuskritik von rechts vor: Es handle sich nicht um einen Konflikt »zwischen Links und Rechts«, sondern »zwischen Establishment und Volk!« (ebd.).

Die Aufhebung des Links-rechts-Gegensatzes gehört traditionell zur Querfront-Rhetorik, die auf Kernelemente der sozialistischen Arbeiterbewegung – Antifaschismus, Internationalismus, Klassenpolitik – verzichtet. Auf der Leipziger Konferenz sprach auch der Daimler-Betriebsrat Oliver Hilburger (früher Mitglied der Neonaziband »Noie Werte«), der mit seiner »Liste Zentrum Automobil« in Opposition zu den Gewerkschaften des DGB steht. Die Initiative »einprozent« stellte in Leipzig ihre Kampagne »Werde Betriebsrat – Patrioten schützen Arbeitsplätze« vor, die sich im Rahmen der Betriebsratswahlen 2018 ebenfalls gegen den DGB richtet.[1]

Fazit

Compact ist die Einflussnahme auf die Strategiedebatte der AfD gelungen. Auch der sozialen Bewegung von rechts dienen Heft, Internet-TV-Formate sowie die von der Zeitschrift organisierten Veranstaltungen als Netzwerk und Alterna-

---

[1] Siehe hierzu den Beitrag von Anna-Lena Herkenhoff und Michael Barthel in diesem Band.

tive zum »Mainstream«. Cover von *Compact*, die beispielsweise das Konterfei von Kanzlerin Angela Merkel mit dem Titel »Königin der Schlepper« (*Compact* 10/2015) zeigen, dienen auf Demonstrationen häufig als Protestplakate. In *Compact* kamen in den letzten Jahren ausführlich etwa Alexander Gauland und Björn Höcke zu Wort. Der sachsen-anhaltinische AfD-Spitzenkandidat André Poggenburg gab nach seinem Erfolg bei den Landtagswahlen im März 2016 nicht dem öffentlich-rechtlichen Rundfunk, sondern *Compact* via Internetübertragung ausführliche Interviews. Frauke Petry – die in der Ausgabe vom März 2016 noch als die »bessere Kanzlerin« das Titelbild schmückte – wurde in *Compact* später heftig kritisiert. Unter anderem galt ihr Kurs als zu israelfreundlich.

Herausgeber Elsässer kokettiert gerne mit der Selbstbezeichnung »Nationalbolschewist«. Die in Leipzig ausgerufene Losung »Alle Ränder stehen still, wenn Dein blauer Arm es will« steht dabei exemplarisch für die Okkupation linker Versatzstücke für populistische Rhetorik. Entwickelt werden rechte Antworten auf die soziale Frage. *Compact* ist vor diesem Hintergrund ein maßgebliches Forum für den völkischen bzw. »sozialpatriotischen« Flügel um Björn Höcke.

Sezession – Der strategische Kampf um die Köpfe

Gründung, Personal und Ausrichtung

Während *Compact* rechte Propaganda sozusagen in leichter Sprache unters vielfach beschworene »Volk« bringen will, ist die *Sezession* das anspruchsvolle Organ einer intellektuellen Rechten. Herausgegeben wird die zweimonatlich erscheinende Zeitschrift (Auflage nach eigenen Angaben zirka 4.000 Exemplare, Redaktionssitz ist Schnellroda) seit 2003 vom »Institut für Staatspolitik«, dem heute in Schnellroda (Sachsen-Anhalt) ansässigen Zentrum der Neuen Rechten. Gründet wurde das Institut – damals noch im hessischen Bad Vilbel – im Mai 2000 maßgeblich von dem Historiker Karlheinz Weißmann und Götz Kubitschek, der derzeit als rechter Bewegungsunternehmer Einfluss vor allem auf den völkischen Flügel der AfD nimmt. Weißmann – bis 2014 *spiritus rector* des Instituts – formulierte 2001 in der *Jungen Freiheit* das strategische Konzept der Neuen Rechten. Es gehe »um geistigen Einfluss, nicht die intellektuelle Lufthoheit über Stammtischen, sondern über Hörsälen und Seminarräumen interessiert uns, es geht um Einfluss auf die Köpfe, und wenn die Köpfe auf den Schultern von Macht- und Mandatsträgern sitzen, umso besser« (Weiß 2017: 73f.). Dieses Konzept wird von der Neuen Rechten traditionell »Metapolitik« genannt: Dem Kampf um die politischen Ämter geht ein Kampf um die Begriffe und Köpfe voraus. Die Neue Rechte, die Einfluss auf die Strategiedebatte der AfD nimmt, sieht sich selbst in der Tradition der sogenannten Konservativen

Revolution, deren Leitmotiv der Schriftsteller Arthur Moeller van den Bruck (»Das Dritte Reich«) 1922 formuliert hat: »An Liberalismus gehen die Völker zugrunde« (ausführlich dazu Weiß 2017). Die gesellschaftspolitische Liberalisierung ist auch heute das Feindbild der Neuen Rechten um Kubitschek & Co. – und die AfD bekämpft diese Liberalisierung in Form der Ablehnung von Gender Studies, Diversity-Richtlinien oder Multikulturalismus.

Der AfD-Mitgründer Bernd Lucke hatte die Aufnahme von Götz Kubitschek noch abgelehnt. Dennoch ist sein Einfluss auf das Parteigeschehen nicht gering, zuletzt wurde er vom *Spiegel* bis zur *New York Times* ausführlich porträtiert. Laut *New York Times* ist Kubitschek Verfasser des Gründungspapiers des völkisch-nationalistischen Parteiflügels von Björn Höcke, der als »der flügel« auch das sogenannte Kyffhäusertreffen organisiert (*NYT*, 10.10.2017). Dort treten neben Höcke und »Flügel«-Mitgründer André Poggenburg zudem führende AfD-Politiker wie Alexander Gauland und Jörg Meuthen auf.

Autoren der *Sezession* scheuen auch nicht vor pathetisch-kitschigen Formulierungen wie »Irgendwo im Herzen jedes Deutschen liegt ein Stahlhelm herum« (*Sezession* 75, 48) zurück. Auf *Sezession.de*, dem Internetportal der Zeitschrift, forderte eine Stammautorin und Aktivistin der Identitären Bewegung: »Holocaust-Forschung muss freie Forschung sein dürfen« (*Sezession.de*, 21.6.2017) – ganz so, als stünde diese in Deutschland aufgrund des Verbots der Holocaust-Leugnung unter unzumutbaren Auflagen. Und Thor von Waldstein, ein häufiger Redner im IfS und Autor der *Sezession*, spekuliert im Interview mit *Sezession.de*, ob es gelinge, »den Bundesbürger – in einer Art politischer Geschlechtsumwandlung – wieder zu einem Deutschen rückzumendeln« (*Sezession.de*, 14.12.2015). Von Waldstein, ein ehemaliger Politiker der NPD, der als Rechtsanwalt prominente Holocaustleugner verteidigt hat, äußert so kaum verhüllt seine Distanz zum politischen System der Bundesrepublik Deutschland.

Bedeutung für die AfD

Ende November 2015 hatte Björn Höcke auf dem IfS-Kongress »Ansturm auf Europa« eine rassistische Rede gehalten, in der er auch über den »lebensbejahenden afrikanischen Ausbreitungstyp« (Weiß 2017, 90) spekulierte. In einem Video-Interview hatte er zuvor angegeben, sein »geistiges Manna« aus Schnellroda zu beziehen.

Der Einfluss von IfS bzw. *Sezession* auf die innerparteilichen Strategiedebatten ist groß. Im IfS haben neben Höcke zahlreiche Politiker der AfD bereits Reden gehalten, darunter z.B. der Bundestagsabgeordnete Marc Jongen, der von den Medien zum »Parteiphilosophen« stilisiert wurde. Erik Lehnert, einer der führenden Mitarbeiter des IfS, arbeitet derzeit für den AfD-Bundestagsabgeordneten Harald Weyel (*taz*, 11.1.2018). Und auf einer Veranstaltung des IfS zum Thema »Wirtschaft. Hegung und Entgrenzung« entwickelte Andreas Kalbitz, der Vorsitzende der AfD-Brandenburg, im Januar 2018 seine Ideen zum Thema »Die AfD vor der sozialen Frage«.

Fazit

Die *Sezession* ist ein führendes Organ für den völkischen Flügel der AfD, der die Partei als »Bewegungspartei« in Opposition zum politischen System der Bundesrepublik Deutschland sieht. Im Gegensatz zum wirtschaftsliberalen Flügel wird hier auch eine Kapitalismuskritik von rechts formuliert. Nicht zuletzt aber ist das IfS in diesem Kontext ein Schulungszentrum sowie eine Kontaktbörse, die auch der Vermittlung von Mitarbeitern der Partei dient. So schwärmte Kubitschek denn nach dem Erfolg der AfD bei den Bundestagswahlen 2017 auch von der »erneuten Resonanzraumerweiterung« und den »beruflichen Auffangnetzen«, die die AfD nun bieten kann: »Man wird Texter, Computerspezialisten, Filmleute, Sicherheitspersonal, Experten benötigen, es wird sehr viele sehr gut bezahlte Stellen geben, und mancher wird sein Leben als Lehrstuhlhure mit prekärem Vier-Jahres-Vertrag aufgeben und in gesittete geistige Verhältnisse wechseln können.« (*Sezession.de*, 24.9.2017)

Junge Freiheit – das inoffizielle Parteiblatt

Gründung, Personal und Ausrichtung

Die 1986 zunächst als kleine Schüler- und Studentenzeitung gegründete *Junge Freiheit* (JF) (Auflage: knapp 30.000 Exemplare), galt jahrelang als Zentralorgan der Neuen Rechten, die hier ihren metapolitischen Kampf um politische Begriffe und Debatten führen. Experten vororteten das Blatt nach wie vor in der Tradition des völkischen Nationalismus (Kellershohn 2013). Tatsächlich fanden Politiker von den Republikanern bis hin zum nationalkonservativen Flügel der Union ihr Forum in der JF. Ihre Stammklientel hatte die JF traditionell im Spektrum der Burschenschaften oder in erzkonservativen Kirchenkreisen. Die Gründer des IfS, Karlheinz Weißmann und Götz Kubitschek, sind bzw. waren langjährige Autoren der JF, Weißmann ist hier bis heute der wohl wichtigste Mitarbeiter. Auch linke Politiker und Schriftsteller wie Egon Bahr oder Eckhard Henscheid gaben hier mitunter ein Gastspiel als Interviewpartner oder Gastautor.

Das besondere politische Interesse der JF lag dabei stets auf den Voraussetzungen für die Gründung einer neuen »konservativen« Rechtspartei, deren Erfolgsaussichten von der Redaktion lange skeptisch bewertet wurden. »Kommt eine neue Rechtspartei?«, fragte JF-Gründer und Chefredakteur Dieter Stein beispielsweise im August 2010. Stein schrieb damals: »Es ist bislang stets gelungen, jeden Ansatz in dieser Richtung meist schon im Keim zu ersticken, erfolgreiche Gruppierungen notfalls durch den Einsatz des Verfassungsschutzes und medialer Isolierung zu marginalisieren.« Sinnvoller sei der Einsatz in Bürgerinitiativen. »Je länger dabei der Status als Partei umgangen wird, umso eher die Chance auf einen Erfolg solcher Bestrebungen«, schrieb Stein damals noch (JF 31-32/2010).

Seit ihrer Gründung im April 2013 wird jedoch ebenso intensiv wie im Kern wohlwollend über die AfD berichtet. Politische Ereignisse wie die Sarrazin-Debatte oder die Eurokrise hatten die politische Situation zugespitzt und neue Erfolgsbedingungen geschaffen. Trotz Kritik im Detail galt die AfD von Beginn an als Hoffnungsträger. »Dass Deutschland nicht nur in der Euro-Frage, sondern auch in anderen politischen Fragen unter Merkels ›Alternativlosigkeit‹ leidet, sollte die AfD beachten«, bemerkte Stein (JF 19/2013). Schon kurz vor der Bundestagswahl 2013, bei der die AfD mit 4,7% ein bemerkenswertes Ergebnis erzielt hat, rief Stein ein »blaues Wunder« aus: »Die AfD wird in den letzten Tagen des Wahlkampfes getragen von einer enthusiastischen, Zehntausende freiwillige Helfer zählenden Anhängerschaft. Träges, feiges Bürgertum war offensichtlich gestern.« (JF 39/2013)

Bedeutung für die AfD

Faktisch agiert die JF wie die inoffizielle Parteizeitung der AfD. Politiker sämtlicher Flügel kommen hier in ausführlichen Interviews und Gastbeiträgen zu Wort. Für die Gründer der AfD wie Hans-Olaf Henkel oder Konrad Adam war die JF schon vor der Konstituierung der Partei ein wichtiges Debattenorgan. Für die JF ist die AfD folglich die Erfüllung des lange gehegten Traums einer Partei jenseits der Union. Dabei ist der Kurs der Redaktion mitunter auch realitätsblind. Lange unterstützte die JF AfD-Mitgründer Bernd Lucke, der schließlich auf dem Essener Parteitag 2015 verdrängt wurde. JF-Chefredakteur Stein warnt dabei regelmäßig vor den Flügelkämpfen, welche die AfD seit ihrer Gründung begleiten. Vor dem Kölner Parteitag der AfD im April 2017 notierte Stein, »dass die Partei sich lähmt, zersplittert und am Schluss von Machtkämpfen geschwächt in die Hände von radikaleren Kräften fällt, die als lachende Dritte die AfD dann endgültig ins politische Aus führen werden« (JF 17/2017).

Kritisch bewertet die JF deshalb meist das Agieren des Höcke-Flügels in der Partei – hier liegen auch die zentralen Differenzen der JF mit Blättern wie *Compact* oder *Sezession*. Deutlich wurde dies 2015, als der inzwischen aus dem »Institut für Staatspolitik« ausgetretene einstige neurechte Vordenker Karlheinz Weißmann vor einer Radikalisierung der AfD durch den von Kubitschek inspirierten Kurs von Björn Höcke warnte: »Wenn man ihren Vorstellungen folgt, endet die AfD als ›Lega Ost‹, aber es wird ihr nicht gelingen, diejenigen zu gewinnen, die noch nicht gewonnen sind.« (Online-Ausgabe der JF, 21.12.2015)

Fazit

Offiziell bevorzugt die JF mehrheitlich einen staatstragenden Tonfall. Nach ihrer Auffassung soll die AfD keine reine »Bewegungspartei« bzw. der parlamentarische Arm von Pegida sein, sondern auf Regierungsfähigkeit abzielen. Besondere Bedeutung erlangt die JF durch ihren Status als alternatives Nachrichtenmagazin und wöchentliches Debattenorgan der AfD.

Das hier kurz dargestellte publizistische Umfeld und Netzwerk der AfD ist kein homogener Block und steht auch nicht in einer unmittelbaren finanziellen Abhängigkeit zur Partei. Gemeinsame Feindbilder (die »Islamisierung« Deutschlands, die Kanzlerschaft Angela Merkels sowie zentrale Aspekte der gesellschaftspolitischen Liberalisierung), können die strategischen und politischen Differenzen im Lager der deutschen Rechten nicht überdecken. Der Gegensatz »Bewegungspartei« versus »Regierungspartei« wird die AfD und die ihr nahestehende Presse auf absehbare Zeit beschäftigen. Auch um die Frage, ob der Wirtschaftsliberalismus der Partei langfristig einem Sozialpopulismus im Sinne Höckes weicht, wird weiter hart gestritten werden. Die Sondierung der Periodika *Compact*, *Sezession* und *Junge Freiheit* ermöglicht dabei einen ausführlichen Einblick in gegenwärtige bzw. künftige Debatten und legt zugleich den Blick auf das personelle Netzwerk frei.

Literatur

Kellershohn, Helmut (Hrsg.) (2013): Die »Deutsche Stimme« der »Jungen Freiheit«. Lesarten des völkischen Nationalismus in zentralen Publikationen der extremen Rechten, Münster.

Schilk, Felix (2017): Souveränität statt Komplexität. Wie das Querfront-Magazin ›Compact‹ die politische Legitimationskrise der Gegenwart bearbeitet, Münster.

Weiß, Volker (2017): Die autoritäre Revolte. Die Neue Rechte und der Untergang des Abendlandes, Stuttgart.

Paul Bey / Regina Wamper

Die »Mainstream-Medien«: Stütze der AfD?

Am Abend der Bundestagswahl am 24.9.2017 äußerte der bayerische Innenminister Joachim Herrmann (CSU), die öffentlich-rechtlichen Sender hätten im Vorfeld der Wahlen die AfD großgemacht (vgl. ARD 2017). Im Nachgang entwickelte sich eine Debatte um die Frage, ob sich Aufmerksamkeit und Berichterstattung der Leitmedien positiv auf das Wahlverhalten der AfD-Wähler*innen ausgewirkt hätten.

Die Diskussion um das Verhältnis zwischen AfD und bürgerlichen Medien begleitet die Partei bereits seit ihrer Gründung. Die AfD betrachtet sich selbst als von den Massenmedien ausgegrenzt. So heißt es in einem Anfang 2017 veröffentlichten, als vertraulich eingestuften Strategiepapier der Partei, dass die »Altparteien und ihre Verbündeten in Medien und Verbänden [versuchen], die AfD zu stigmatisieren und in die rechtsextreme Ecke zu rücken« (AfD 2016: 17).[1] Die Ablehnung bürgerlicher Medien durch die AfD findet ihren Ausdruck in den Schlagwörtern »Lügenpresse«, »Lückenpresse« oder »Systempresse«.[2] Andererseits ist der Partei und ihren Funktionär*innen mediale Aufmerksamkeit überaus wichtig. Für Medien ist die AfD im Umkehrschluss reizvoll, da sie ein neues politisches Phänomen ist und sich als Angreiferin vermeintlicher gesellschaftlicher Tabus geriert (vgl. Gäbler 2017: 5).

Massenmedien haben ihre eigenen Funktionsweisen und Aufmerksamkeitsregeln. Der Politikwissenschaftler Thomas Meyer (2006) spricht diesbezüglich von medialer Selektions- und Präsentationslogik, denen sich alle im Mediensystem publizierten Inhalte unterwerfen müssten. Die Selektionslogik bestimme die Auswahl von Ereignissen anhand ihres Nachrichtenwertes, welcher durch Faktoren wie Überraschungswert, Konflikthaftigkeit oder Prominenz der handelnden Personen bestimmt sei. Die Präsentationslogik umfasse verschiedene Inszenierungsformen und diene dazu, durch die Erzeugung von Neugier und Spannung das anhaltende Publikumsinteresse zu generieren (vgl. Meyer 2006: 82f.). Beiden Logiken wird eine Orientierungsfunktion für Medienschaffende

---

[1] Dies ist ein Grund für den Fokus der AfD auf die Sozialen Medien, die einen hohen Stellenwert einnehmen, weswegen die Partei in einigen Analysen als erste »Internet-Partei« bezeichnet wird (vgl. Gäbler 2017: 17).

[2] Im Kontext von AfD-Versammlungen kam es mehrfach zu körperlichen Angriffen auf Journalist*innen, etwa 2015 in Erfurt (vgl. Speit 2015).

zugeschrieben. Die Kommunikationswissenschaftlerin Paula Diehl spricht in diesem Zusammenhang von Komplexitätsreduktion, Fixierung auf Personen, Emotionalisierung, Suche nach Skandalen und unerwarteten Ereignissen, Dramatisierung, Zuspitzung und Erzeugung von Events. Insbesondere populistische Kommunikationsstrategien werden durch die Funktionsweise des medialen Systems begünstigt (vgl. Diehl 2012: 19f., vgl. auch Gäbler 2017: 17ff.).

Wenn wir uns die Frage nach der Berichterstattung über die AfD in den Leitmedien stellen, so fragen wir auch immer nach dem Diskurs. Dabei verstehen wir Diskurse als Produktionsmittel für gesellschaftliches Wissen (vgl. Jäger 2012: 26f.). Mediendiskurse funktionieren als Wissenslieferanten, da sie gesellschaftliche Phänomene deuten und vermitteln, was als problematisches Phänomen und was als »normal« gilt. Wenn wir uns die Berichterstattung über die AfD in den Leitmedien anschauen, so immer auch mit der Frage danach, ob die Partei normalisiert oder problematisiert wird und, wenn eine Problematisierung stattfindet, was als Problem gekennzeichnet und welche Problemlösungsstrategien vorgeschlagen werden.

Medienstrategische Konzepte der AfD

In der AfD sind einige gelernte Journalist*innen aktiv, denen die Abläufe und Logiken der Medien vertraut sind und die diese Kenntnisse in die Parteiarbeit einbringen können.[3] Sie dürften Anteil an einem Strategiepapier der AfD zur Öffentlichkeitsarbeit haben. Die Autor*innen beschreiben einen Spagat zwischen einer auf die politische Mitte bezogenen Sprache und dem Versuch, »klare Positionierungen« zu äußern, um das Wahlklientel nicht zu verlieren. Daher wird konstatiert: »Man kann relativ ›radikale‹ Forderungen erheben, wenn man sie gut begründet und in sachlicher Sprache und Ton vorträgt.« (AfD 2016: 5)

Anschaulich zeigte der Bundesvorsitzende Jörg Meuthen, wie diese Strategie umzusetzen ist, als er in der »Berliner Runde« vom »Europa der Vaterländer« sprach, ohne auf Gegenrede zu stoßen (vgl. ARD 2017).

Hit and run

Eine Strategie der AfD besteht aus der Produktion von »Skandalen«. Aussagen, die außerhalb des gesellschaftlich akzeptierten Feld des Sagbaren liegen, werden öffentlich getätigt, um sich darauf folgend von ihnen zu distanzieren. So können solche Aussagen – diskurstheoretisch gedacht – normalisiert werden.

---

[3] Aus diesem Grund bezeichnet der Medienwissenschaftler Bernd Gäbler die AfD als »Partei der Journalisten« (Gäbler 2017: 13).

Die Normalisierung von Aussagen im Diskurs funktioniert auch über Wiederholung. Je häufiger eine Aussage auftaucht, desto »normaler« wird ihr Inhalt. So gelingt es der AfD, freilich über die Leitmedien, Sagbarkeitsräume zu verschieben.

In dem oben zitierten AfD-Papier wird entsprechend eine Strategie favorisiert, die auf (vermeintliche) Tabubrüche zielt. Zentral sei es, »ganz bewusst und ganz gezielt immer wieder politisch inkorrekt [zu] sein [...] und auch vor sorgfältig geplanten Provokationen nicht zurück[zu]schrecken« (AfD 2016: 10f.). Wirksame Gegenmaßnahme zur imaginierten Feindschaft und Unfairness der Medien sei die Eskalation von Konflikten durch eine Verschärfung der inhaltlichen Positionierung.

Die Beispiele für die Strategie des Skandals und der Distanzierung sind zahlreich. Im Januar 2016 brachte die ehemalige AfD-Vorsitzende Frauke Petry den Schusswaffengebrauch gegen Geflüchtete an den deutschen Grenzen in die Debatte ein. Nach öffentlicher Kritik ruderte sie zurück. Auf ihrer Facebook-Seite schrieb sie: »Die AfD lehnt es strikt ab, dass auf Menschen geschossen wird, die friedlich Einlass in das Bundesgebiet begehren.« (zit. n. Wagner 2016) Ob Alexander Gaulands Mutmaßung, die Deutschen fänden »Jérôme Boateng als Fußballspieler gut, hätten ihn aber nicht gern als Nachbarn« (zit. n. Steffen 2016), ob Björn Höckes Statement, die Deutschen hätten sich mit dem Holocaustmahnmal ein »Denkmal der Schande« ins Herz der Hauptstadt gesetzt (zit. n. Lobo 2017), ob Anfang Januar 2018 die rassistischen Anfeindungen des AfD-Bundestagsabgeordneten Jens Maier gegen Noah Becker, all diese Äußerungen wurden getätigt, medial aufgegriffen, es wurde sich von ihnen distanziert und sie alle sind geeignet, Sagbarkeitsfelder auszuweiten.

Meinungsfreiheit, Opfermythos, Lügenpresse

Zum medienstrategischen Umgang der AfD gehört unweigerlich ihre eigene Opferinszenierung. Man werde von der bundesdeutschen Öffentlichkeit ausgegrenzt, die Presse lüge bei der Thematisierung von allerlei als problemträchtig deklarierten Phänomenen und man wehre sich gegen eine »Political Correctness«, die tabuisierende und zensorische Effekte habe. Diese Erzählung dient der Inszenierung als Verteidiger*innen der Meinungsfreiheit. Dabei geht es vor allem um die Abwehr von Kritik. Meinungsfreiheit liegt nach dieser Sicht erst dann vor, wenn der Meinungsäußerung kritiklos Sagbarkeitsräume zur Verfügung gestellt werden. Kritik wird mit Zensur gleichgesetzt. Nicht nur der Begriff der Meinungsfreiheit wird so in sein Gegenteil verkehrt, auch der Diskriminierungsbegriff erfährt eine semantische Revision: Die Diskriminierenden werden so zu Diskriminierten.

Gleichzeitig werden kritische Positionen mit dem Stigmawort der »Political Correctness« belegt. Sie seien Ausdruck linker Meinungshegemonie, die gebrochen werden müsse. Die Strategie der Opferinszenierung zielt darauf, diskursiven Raum zur Verfügung gestellt zu bekommen. Diese Strategie scheint in alle Richtungen zu funktionieren. Wird AfD-Politiker*innen kein medialer Raum zur Verfügung gestellt, wird dies als Ausgrenzung verstanden. Wird ihnen Raum zur Verfügung gestellt, so wird dieser Raum genutzt, um den Opfermythos weiter zu pflegen.

Anschaulich beobachtet werden konnte diese Strategie im Zusammenhang mit einem Auftritt der Co-Vorsitzenden der AfD-Bundestagsfraktion Alice Weidel am 5. September 2017 in einer ZDF-Wahlsendung. Diese verließ Weidel vorzeitig und warf der Moderatorin Marietta Slomka Intoleranz, Parteilichkeit und undemokratisches Verhalten vor. Dieser Vorgang wurde wiederum medial breit aufgegriffen.

Zum medienpolitischen Umgang mit der AfD

Die medienpolitischen Strategien der AfD rufen Verunsicherungen bei bundesdeutschen hegemonialen Medien hervor: Wie soll über diese Partei berichtet, wie soll sie eingeordnet werden? In der Berichterstattung über die AfD treffen wir auf gegenläufige Strategien. Sowohl finden sich kritische Berichte und Recherchen vor allem in investigativ journalistischen Texten, gleichzeitig ist aber auch eine Normalisierung der Partei und ihrer Positionen zu erkennen. Bezüglich der *Frankfurter Allgemeine Zeitung* (FAZ) beispielsweise kann von einer Doppelstrategie gesprochen werden. In der Gründungsphase der AfD wurde diese zunächst normalisiert, also »in die Mitte geholt« (vgl. Ludwig/Wamper 2017: 115).

Einordnungen als rechtspopulistische Partei wurden zu dieser Zeit als Diffamierung zurückgewiesen (vgl. ebd.). Ab 2016 wurde die AfD in der *FAZ* dann als »radikale« Partei charakterisiert, bei gleichzeitiger Dethematisierung der »inhaltlichen Anschlüsse an extrem Rechte« (vgl. ebd. 116). Zugleich wurden Problematisierungen der AfD bezüglich Migrationspolitik, Flucht und Islam in der *FAZ* geteilt (vgl. ebd.).

In der *Tagesschau*-Redaktion fand bezüglich der Einordnung bzw. Benennung der Partei ein umgekehrtes Vorgehen statt. Im November 2017 bezeichnete der Chefredakteur von *ARD-Aktuell*, Kai Gniffke, in einem Kommentar für *Tagesschau.de* die AfD als eine ganz normale Partei. Daher verzichte die *ARD* darauf, sie weiterhin als »rechtspopulistische« Partei zu bezeichnen. Gniffke selbst halte die *AfD* zwar für eine rechtspopulistische Formation, die beständige Nutzung dieses Attributs sei jedoch falsch: »Das nervt und wird als verkappte Stimmungsmache gegen diese Partei empfunden.« (Gniffke 2017). Als ein zentrales Motiv wird so die Kritik von möglichen Sympathisant*innen der AfD beschrieben. Gniffke resümiert, dass die AfD wie jede andere Partei behandelt werde, denn die *Tagesschau* berichte unvoreingenommen und unabhängig, habe jedoch ein waches Auge für rassistische und antidemokratische Politiken (vgl. ebd.). Trotz dieser Problematisierung wird deutlich, dass die AfD dann »in die Mitte« geholt wird, wenn sie als »ganz normale Partei« eingeordnet wird und das trotz »in Teilen rassistische[r] und antidemokratische[r]« Positionen.

Zwei Aspekte stechen im medienpolitischen Umgang mit der AfD hervor. Zum einen ist dies die Frage der Themensetzung. Der andere Aspekt verweist auf die der Berichterstattung immanenten, binären Reduktionen, das Narrativ der Gemäßigten und Radikalen.

Wessen Themen?

Die *tageszeitung* konstatierte im Juni 2016, das AfD-Führungspersonal bewege »sich [...] in Richtung Gästelistenspitze« in deutschen Polit-Talkshows, wenn es um Flüchtlingspolitik gehe und um solche Themen, die mit dieser verknüpft werden wie Terrorismus und innere Sicherheit (vgl. Fromm 2016). Ein halbes Jahr später veröffentlichte das *ARD*-Magazin *Monitor* eine Auswertung der thematischen Schwerpunkte von *ARD*- und *ZDF*-Talkshows von 2016. In 141 Sendungen ging es 40-mal um »Flüchtlingspolitik, 15-mal um den Islam, Gewalt und Terrorismus, 21-mal um Populismus, vor allem von rechts. ›Andere Themen hatten keine Chance‹«, so Daniel Bouhs über diese Sendung (Bouhs 2017). Das *zapp-Magazin* habe zudem herausgestellt, dass »die AfD rund um die drei Landtagswahlen im [...] Frühjahr [2016, d.V.] innerhalb von zehn Tagen gleich sechsmal ihre Thesen vortragen durfte« (ebd.). In ebendieser Sendung begründeten Journalist*innen die Präsenz der AfD damit, dass sie nicht ignoriert werden dürfe.

Impliziert wird so, dass es genau zwei Möglichkeiten gebe, nämlich entweder mit der AfD zu besten Sendezeiten zu diskutieren oder aber sie zu dethematisieren. Über Rassismus und Rechtsextremismus, über die AfD zu sprechen, scheidet so als Option aus. Dieses Bild ergibt sich auch, wenn Rechtspopulist*innen zunehmend als Expert*innen für Rechtspopulismus herangezogen werden. Anschaulich machte dies etwa die Talkshow »Wie wird aus Wut Politik?« mit Maybrit Illner am 13.10.2016 zum Thema Rechtspopulismus. Unter den Gästen befanden sich Stefan Petzner, einst Berater von FPÖ-Chef Jörg Haider, und AfD-Mitglied Malte Kaufmann. Knapp ein halbes Jahr zuvor fanden sich in der gleichen Talkshow zu ähnlicher Thematik Markus Söder und Markus Pretzell. Die *Frankfurter Rundschau* brachte das Konzept auf den Punkt, als sie titelte: »Populisten diskutieren über Populismus« (Segler 2016).

Innerhalb der Talkshows[4] des öffentlich-rechtlichen Fernsehens – und das mag bedingt auch für die übrigen Leitmedien gelten[5] – kommt die AfD zu den Themen zu Wort, zu denen sie zu Wort kommen will.[6] Sozialpolitik etwa ist jedenfalls kaum ein Thema, geht es um Rechtspopulismus.[7] Und so gilt die AfD in der Öffentlichkeit eben auch in erster Linie als migrationsfeindliche Partei und nicht etwa als konkurrenz- und leistungszentrierte Partei der sozialen Ungleichheit, nicht als Partei des reaktionären Bürgertums.

Von Gemäßigten und Radikalen

In der Berichterstattung zur AfD zeigt sich häufig das Narrativ »der bösen und der guten AfD«, der gemäßigten Mitglieder und der Radikalen. Nach den Landtagswahlen in Baden-Württemberg am 13.3.2016 wurde dem AfD-Abgeordneten Wolfgang Gedeon Antisemitismus vorgeworfen. Sein Fraktionsvorsitzender und AfD-Bundessprecher Jörg Meuthen forderte Gedeons Parteiausschluss. Dies führte zur Spaltung der AfD-Fraktion im Landtag. Frauke Petry hingegen verteidigte Gedeon und bezichtigte Meuthen, voreilig zu handeln und die Partei zu schädigen (vgl. Friedrich 2017: 77f.). Etliche Journalist*innen ordneten Meuthen einem wirtschaftsliberalen, politisch gemäßigten Flügel zu, im Gegensatz zu Petry, die als radikal eingeschätzt wurde. Melanie Amann charakterisierte Meuthen im *Spiegel* Mitte November 2016 noch als »liberalen Wirtschaftsprofessor«, »wertkonservativen Familienvater« und Hoffnungsträger des bürgerlichen Flügels der Partei, als gemäßigten Politiker, der sich gegen Radikale durchzusetzen versuche (vgl. Amann 2016: 38). Auch wurde Meuthens Zusammenarbeit mit der völkischen Gruppierung »Der Flügel« als

---

[4] Bernd Gäbler stellt bezüglich der Themensetzungen in Talkshows heraus, dass das Framing oft als Vorlage für AfD-Positionen diene, denn Themenzuspitzungen wie »Überrennen uns jetzt die Migranten?« entstammten aus dem »Agenda Setting« der Partei (vgl. Gäbler 2017: 31).

[5] In der FAZ wurde die AfD beispielsweise vor allem im Zusammenhang mit den Themen Europapolitik, Parteipolitik und Migration thematisiert (vgl. Ludwig/Wamper 2017: 97).

[6] Aus dem genannten Strategiepapier der AfD geht hervor, dass die Themen Migration, Islam, Innere Sicherheit, EU-Politik, nationale Identität, Bürgerbeteiligung als Kernthemen der Partei selbst wahrgenommen werden. Das Thema Sozialpolitik solle vermieden werden, um die Anhänger*innen nicht auseinanderzudividieren. Auch müsse Sozialpolitik immer mit Migrationspolitik verknüpft werden (vgl. AfD 2016).

[7] Wie relevant die Thematisierung dessen aber wäre, zeigt das Regierungsprogramm der neuen österreichischen Regierung unter ÖVP und FPÖ. Diese kündigten die Anhebung der Höchstgrenze der Arbeitszeit auf zwölf Stunden täglich und 60 Stunden wöchentlich, den Umbau des Systems der Sozialleistungen und steuerliche Entlastungen für Unternehmen und Immobilienbesitzer*innen an.

rein strategisches, »verhängnisvolles Bündnis« (ebd.) bewertet. In seinen Reden bezeichnete Meuthen sich selbst hingegen als »freiheitlich denkenden, konservativen Patrioten«, der nichts mit dem Begriff »liberal« zu tun habe (vgl. Meuthen 2016).

Ein Jahr später sah die Einordnung der gleichen AfD-Akteur*innen in der hegemonialen Presse doch schon ganz anders aus. 2017 verschärfte sich ein innerparteilicher Konflikt um die richtige Strategie in der AfD. Die Auseinandersetzung wurde in der Berichterstattung häufig als ideologischer Konflikt zwischen Petry und dem völkisch-nationalistischen Flügel um Björn Höcke beschrieben in dem Sinne, dass Petry völkische Positionen nicht teilen würde.

Damit nahm Petry plötzlich eine Stellung auf der gemäßigten Seite der AfD ein, ein Narrativ, das auch nach ihrem Parteiaustritt Bestand hatte. Severin Weiland zeichnete im *Spiegel* etwa ein Bild der Partei, das Meuthen als rechten radikalen Gegenspieler zu Petry beschrieb: »Meuthen und Gauland könnten am Ende Höckes Retter werden [...] Das [...] zeigt, wie weit nach rechts die AfD gerückt ist. Der geplante Rauswurf Höckes war noch von der damaligen Parteichefin Frauke Petry angestrengt worden. Doch Petry, die die Partei nach dem Einzug in den Bundestag verließ, ist längst Vergangenheit. [...] Die ›Alternative Mitte‹, im Sommer noch gegen den rechten ›Flügel‹ gegründet worden, bleibt ein Randphänomen.« (Weiland 2017) Der strategische Konflikt zwischen einer »fundamentaloppositionellen Bewegungspartei« und einer koalitionsfähigen »Volkspartei« wird dann als inhaltliche und nicht strategische Differenz betrachtet, wenn die Durchsetzung der ersten Option als »Rechtsruck« beschrieben wird. Denn das heißt eben auch, dass die Option der »Volkspartei« nicht mit rechten Inhalten verknüpft sei.[8]

Zum Vergleich: Im parteiinternen Streit 2015, der zum Austritt des damaligen Bundessprechers Bernd Lucke führte, galt dieselbe Frauke Petry, die 2017 dem gemäßigten Flügel zugerechnet wird, als Radikale. So hieß es in der *FAZ* zur Auseinandersetzung Lucke/Petry, es gehe um die Frage des »Sieg[es] der Gemäßigten oder der Rechtspopulisten« (vgl. Bender 2015).

Zum Schluss

Geht die medienpolitische Strategie der AfD auf, so werden die vorgeblich so verhassten Mainstream-Medien zur Stütze der AfD. Gleichzeitig finden sich vor allem im Bereich des investigativen Journalismus gegenläufige Tendenzen. Gezielte Provokationen von AfD-Funktionär*innen werden von bürgerlichen Me-

---

[8] Vgl. zu den strategischen Optionen der AfD Kellershohn 2017.

dien aber zumeist dankbar aufgegriffen, da dies ihren eigenen Aufmerksamkeitsregeln entspricht. So wird diskursiv das Feld des Sagbaren weit geöffnet für ausgrenzende Positionen, für Rassismus, Geschichtsrevisionismus, völkischen Nationalismus und völkischen Antifeminismus. Insbesondere die zuvor als »extrem« gebrandmarkte völkische Komponente rückt dabei zunehmend in das Sagbarkeitsfeld.

Die Inszenierung der AfD als Ausgegrenzte wirkt absurd, bringt bürgerliche Medien trotzdem in Zugzwang. Längst hört man hier wie da, man dürfe Rechte nicht ausgrenzen, und gibt ihnen in diesem Zuge Raum für Ausgrenzungen. Wir deuten dies als vorauseilenden Gehorsam: Die Auseinandersetzung mit der AfD muss nicht zwangsläufig mit ihnen passieren, es ist vielmehr notwendig, über die AfD und über Rassismus, Nationalismus und Antifeminismus zu sprechen. Erst wenn eine dezidierte Auseinandersetzung mit extrem rechten Positionen und Strategien erfolgt, kann es gelingen, nicht die Problematisierungen der AfD mitzutragen, sondern deren Positionen zu problematisieren. Dabei dürfen Schnittstellen zu anderen Parteien keine Leerzeichen bleiben, denn es ist nicht so, dass das bürgerliche politische Spektrum vor der AfD frei war von ausgrenzenden Positionen.

Quellen und Literatur

AfD (2016): AfD-Manifest 2017 – Die Strategie der AfD für das Wahljahr 2017, 22.12.2016.

Amann, Melanie (2016): »Zeit für Gespräche«, in: Der Spiegel, Ausgabe 47/2016, S. 38, Hamburg.

ARD (2017): Berliner Runde, ARD.de, 24.9.2017; www.ardmediathek.de/tv/ARD-Sondersendung/Berliner-Runde/Das-Erste/Video?bcastId=3304234&documentId=46227228 (14.1.2018).

Bender, Justus (2015): Pyrrhussiege, in: Frankfurter Allgemeine Zeitung, 23.3.2015, S. 10.

Bouhs, Daniel (2017): Blick nach rechts, taz.de, 26.2.2017; www.taz.de/!5383982/ (23.1.2018).

Diehl, Paula (2012): Populismus und Massenmedien, in: Bundeszentrale für politische Bildung (Hrsg.): Aus Politik und Zeitgeschichte, Populismus, 62. Jahrgang, Ausgabe 5-6/2012, S. 16-22.

Friedrich, Sebastian (2017): Die AfD. Analysen – Hintergründe – Kontroversen, Berlin.

Fromm, Anne (2016): Das ist Spitze!, taz.de, 8.6.2016; www.taz.de/!5307501/ (23.1.2018).

Gäbler, Bernd (2017): AfD und Medien. Analyse und Handreichungen. Ein Diskussionsbeitrag der Otto-Brenner-Stiftung (Hrsg.), OBS-Arbeitsheft 92, Frankfurt a.M.

Gniffke, Kai (2017): Die AfD – eine Partei wie jede andere, Tagesschau.de, 10.11.2017; www.tagesschau.de/inland/kommentar-afd-gniffke-101.html (14.1.2018).

Jäger, Siegfried (2012): Kritische Diskursanalyse. Eine Einführung, 6., vollständig überarbeitete Auflage, Münster.

Kellershohn, Helmut (2017): AfD – Kampf zweier Linien, diss-duisburg.de, 14.2.2017; www.diss-duisburg.de/2017/02/helmut-kellershohn-afd-kampf-zweier-linien/ (19.1.2018).

Lobo, Sascha (2017): Schauen Sie diese Rede, Spiegel.de, 18.1. 2017; www.spiegel.de/netzwelt/web/bjoern-hoecke-rede-offenbart-gesinnung-kolumne-von-sascha-lobo-a-1130551.html (19.1.2018).

Ludwig, Roisin/Wamper, Regina (2017): Schnittstellen und Abgrenzungen. Zum Umgang der FAZ mit der populistischen extremen Rechten, in: Isolde Aigner/Jobst Paul/Regina Wamper (2017) (Hrsg.): Autoritäre Zuspitzung. Rechtsruck in Europa. Edition DISS Band 40, Münster, S. 95-121.

Meuthen, Jörg (2016): Rede von Prof. Dr. Jörg Meuthen beim Kyffhäusertreffen 2016, derfluegel.de, 8.6.2016; www.youtube.com/watch?v=7z-H1j3cTzY (19.1.2018).

Meyer, Thomas (2006): Populismus und Medien, in: Frank Decker (Hrsg.): Populismus in Europa. Gefahr für die Demokratie oder nützliches Korrektiv? Bonn, S. 81-96.

Segler, Daland (2016): Populisten diskutieren über Populismus, fr.de, 13.5.2016; www.fr.de/kultur/netz-tv-kritik-medien/tv-kritik/maybrit-illner-populisten-diskutieren-ueber-populismus-a-350648 (23.1.2018).

Speit, Andreas (2015): Übergriffe bei AfD-Kundgebung in Erfurt, taz.de, 1.10.2015; www.taz.de/!5238204/ (14.1.2018).

Steffen, Tilman (2016): Provozieren, relativieren, dementieren, Zeit.de, 31.5.2016; www.zeit.de/politik/deutschland/2016-05/afd-jerome-boateng-alexander-gauland-frauke-petry-medien-bjoern-hoecke (19.1.2018).

Wagner, Hartmut (2016): Lügenpresse? AfD-Chefin Frauke Petry schreibt ihr Interview dreist um, Rhein-Zeitung.de, 4.2.2016; www.rhein-zeitung.de/nachrichten/deutschland-und-welt_artikel,-luegenpresse-afdchefin-frauke-petry-schreibt-ihr-interview-dreist-um-_arid,1436297.html (19.1.2018).

Weiland, Severin (2017): Die Höcke-Retter, Spiegel.de, 3.12.2017; www.spiegel.de/politik/deutschland/afd-parteitag-alexander-gauland-verhindert-die-spaltung-a-1181517.html (24.1.2018).

Joachim Bischoff

Entfesselung der »wutgetränkten Apathie« in Betrieben und Verwaltungen?

Tektonische Verwerfungen

Die AfD als neue Kraft im Bundestag will eine andere Republik, greift zentrale Positionen des Grundgesetzes an und verfolgt eine Politik ethnischer Reinheit und der Abwertung von Flüchtlingen, Migrant*innen, Muslim*innen und Deutsch-Türk*innen. Ihre Sprache ist gewaltförmig.

Dem Aufstieg des Rechtspopulismus voraus ging die Krise der Volksparteien. In den 1970er Jahren entfielen zusammen mehr als 90% der Wähler*innenstimmen auf CDU/CSU und SPD, bei der Bundestagswahl 2017 waren es noch 53,5%. Berücksichtigt man den Rückgang der Wahlbeteiligung, wird deutlich, dass sich der Stimmenanteil der Volksparteien halbiert hat. CDU/CSU und SPD sind dabei, ihren Status als Volkspartei zu verlieren.

Diese Veränderungen des Parteiensystems sehen wir in nahezu allen Gesellschaften des demokratischen Kapitalismus. Es handelt sich nicht um Oberflächenphänomene, sondern um tektonische Verwerfungen. Die Kluft, die seit längerem zwischen dem Establishment, den politischen Eliten und Teilen der Bevölkerung aufgerissen ist, wird immer breiter. Die Zeit der Volksparteien ist vorbei, wie man auch in den Niederlanden, Österreich, Italien und den skandinavischen Ländern sehen kann. Gegen Ende der 1990er Jahre veränderte sich die überlieferte Parteienstruktur radikal und ehedem starke Parteien wie Christdemokraten, Sozialisten und kommunistische Parteien transformierten sich oder verschwanden von der politischen Bühne.

Der Wandel im Parteientypus vollzog sich in mehreren Stufen. In der Hochphase des Fordismus in den 1960er Jahren waren »Volks-« oder »Allerweltsparteien« noch Massenintegrationsparteien, deren reformistische und kapitalismuskritische Flügel große Teile der Arbeiter- und der lohnabhängigen Mittelklassen des Wohlfahrtsstaates repräsentierten. Die Arbeitsteilung mit den Gewerkschaften sicherte die Integration einer noch weitgehend durch Industriearbeit geprägten Arbeiterbevölkerung. Der Niedergang dieser »Allerweltsparteien« ist Ausdruck des Unvermögens, auf die Mega-Trends des gesellschaftlichen Umbruchs tragfähige Antworten zu entwickeln.

Gesellschaftlicher Nährboden der Rechtspopulisten

Die politischen, sozialen und kulturellen Umbrüche der letzten Jahrzehnte des 20. Jahrhunderts und des beginnenden 21. Jahrhunderts signalisieren eine Transformation der kapitalistischen Produktionsweise. Die europäische Sozialdemokratie und die bürgerlich-liberalen Kräfte haben vor dem Hintergrund einer Überakkumulationskrise mit einer Politik der Prekarisierung und sozialen Exklusion eine Veränderung der Klassenverhältnisse befördert, die zum Sprengsatz in ihrer jeweiligen Mitglieder- und Wählerbasis wurde. In ihrem Buch »Fremd in ihrem Land« hat die amerikanische Soziologin Arlie Hochschild (2016) ein passendes Bild gefunden, mit dem sich der Kern der Unzufriedenheit beschreiben lässt: Beim langen Aufstieg zum amerikanischen Traum hätten immer mehr Menschen der unteren (weißen) Mittelschicht das Gefühl, auf der Stelle zu treten. Andere, die sich weniger anstrengten, würden bevorzugt, wodurch sie schneller aufstiegen. Verantwortlich für diese Ungerechtigkeit seien abgehobene Politiker, die nicht nur nicht wüssten, wie hart die Zurückgelassenen arbeiteten, sondern sich auch noch über deren Lebensstil lustig machten.

Die wachsende soziale Polarisierung, das Gefühl, dass harte Anstrengung nicht mehr angemessen honoriert wird, zudem die Zukunft der Kinder verbaut ist, und der Eindruck, dass sich die politische Klasse darum nicht kümmert, sind wesentliche Faktoren für den Aufstieg der Rechtspopulisten. Die gesellschaftliche Basis ist ein historisch-spezifisches Ressentiment – das Gefühl chronischer Ohnmacht gegenüber erlittener Benachteiligung. Die neoliberale Politik hat einerseits eine Aufwertung der Subjektivität gefordert und gefördert; andererseits sind weder die Leistungsansprüche noch der Selbstwert befriedigt worden. Der technologische Wandel, die Globalisierung sowie die Schwächung von Arbeitnehmerrechten haben in den letzten Jahrzehnten mit all ihren zerstörerischen Folgen – vor allem der Selbstentmachtung der Nationalstaaten durch den Verzicht auf die staatliche Regulierung der globalisierten Finanzmärkte – die Basis für die Entstehung und Verbreitung sozialer Ungleichheit geschaffen, die sich in ein antistaatliches, gegen das Establishment gerichtetes Ressentiment umsetzt.

Ressentiment ist kein spontaner Reflex auf ein erlittenes Unrecht. Das Gefühl der Kränkung ermöglicht die Ausprägung und das Bedienen ethnozentrisch-fremdenfeindlicher, nationalistischer oder antisemitischer Ideologieelemente und politisch-psychologischer Bedürfnisse. Die rechtsnationale Mobilisierung gründet in der unzureichenden Partizipation an der allgemeinen Wohlstandsentwicklung; sie ist auch ein Backlash gegen die Veränderungen des kulturellen Kapitals und gegen die Machtlosigkeit der Staatsapparate. Die Ursachen dieses kulturellen Wandels liegen in der gesellschaftlichen und ökonomischen Modernisierung: Bildungsexpansion, Tertiarisierung und die zunehmende Gleichstellung der Frau in Bildung und Arbeitsmarkt. Die AfD spricht das an mit dem Bild vom »Wir wollen weg vom links-rot-grün-versifften 68er-Deutschland .. hin zu einem friedlichen, wehrhaften Nationalstaat«. (Jörg Meuthen auf dem AfD-Parteitag in Stuttgart am 30.4.2016) Die Entfesselung des Ressentiments erstreckt sich zudem über bewusst miteinander verknüpfte Themen wie Einwanderung, Kriminalität, Globalisierung, innere Sicherheit und nationale Identität.

Die Wahrnehmung einer ungerechten Behandlung wie die verweigerte Anerkennung der eigenen Leistung und die Abwertung der eingenommenen sozialen Position erzeugt Gefühle der Kränkung. Die subjektive Einschätzung der eigenen Lage muss nicht notwendigerweise mit der objektiven sozialen Lage übereinstimmen. So heißt es etwa in einer neuen Studie der Hans-Böckler-Stiftung zusammenfassend: »Unzufriedenheit mit der eigenen Lebenslage ist der wesentliche Treiber, die derzeit stärkste rechtspopulistische Partei – die AfD – zu wählen. Nachweisbar ist dabei aber nicht die objektive soziale Lage die alleinige Ursache für die Wahl der AfD ... Vor allem die subjektive Wahrnehmung der eigenen Lebenslage hat einen Effekt auf die Entscheidung, AfD zu wählen. ... Die subjektive Wahrnehmung von Bürgern, die anfällig für Rechtspopulismus sind, ist geprägt durch persönliche Zurücksetzung ... Es sind also weniger materielle Entbehrungen, sondern vor allem eine Kombination aus wahrgenommenem Abstieg in der Vergangenheit und Abstiegsängsten – auch in der Arbeitswelt – in Bezug auf die Zukunft, die dazu führen, dass Menschen AfD wählen oder es grundsätzlich in Erwägung ziehen. Menschen, die AfD wählen oder es in Erwägung ziehen, befinden sich somit überwiegend nicht in einer finanziell prekären Situation, aber sie fühlen sich vor möglichen Krisen in der Zukunft nicht ausreichend geschützt.« (Hilmer u.a. 2017: 6)

Auflösung des Cordon sanitaire

Einwandererströme und zunehmende Unterschiede zwischen Arm und Reich – die Furcht vor Folgewirkungen der Globalisierung – sowie die Abkoppelung der Eliten bescheren den rechten Populisten Argumente und Zulauf. Das Anschwellen der Flüchtlingsbewegung im Jahr 2015 wirkte gleichsam als Katalysator für eine Veränderung im Alltagsbewusstsein eines Teiles der Bürger*innen in Richtung offener zutage tretender fremdenfeindlicher und Anti-Establishment-Haltungen und Mentalitäten. In Deutschland erlangen Wut, Apathie und Unzufriedenheit in Zivilgesellschaft und politischem Raum einen Resonanzboden und Adressaten. Mit der Gründung der AfD im Jahr 2013 und dem Aufkommen von Pegida im Herbst 2014 – verstärkt durch die Flüchtlingsbewegung – setzt sich der Rechtspopulismus im politischen Raum fest.

Wilhelm Heitmeyer diagnostizierte bereits im Jahr 2010: »Die Wut ist außerordentlich groß – in allen gesellschaftlichen Schichten. Mehr als 80% sind wütend über die finanziellen Folgen der Krise. Wütend sind die Menschen aber auch, dass die Politik nichts aus der Krise lernt. Sie erleben, dass die Regierungen nicht die Kraft haben, wirkungsvolle Regeln für den Finanzmarkt durchzusetzen... Wir haben es mit einer wutgetränkten Apathie in der Bevölkerung zu tun. Die Apathie liegt auch daran, dass die Wut kein konkretes Objekt hat.« (Heitmeyer 2010) In den letzten Jahren erfolgte mit der AfD das Erwachen aus der wutgetränkten Apathie. Das war kein plötzlich eintretendes Ereignis, der Soziologe hatte schon früh vor einer Entwicklung gewarnt, deren Gewinner ein rabiater Rechtspopulismus sein würde: »Bereits 2002 konnten wir feststellen, dass etwa 20% der Bevölkerung rechtpopulistisch eingestellt sind. Ein Teil war wahlpolitisch gesehen bei anderen Parteien unterwegs oder ausgeklinkt. Oder sie sind in ihrer Hoffnungslosigkeit und ihrem Unterlegenheitsgefühl in eine wutgetränkte Apathie verfallen. Bei Pegida und der AfD haben dann viele offenbar das Gefühl gehabt, hier gebe es einen Ort, wo sie sich endlich Gehör verschaffen können.« (Heitmeyer 2017) Diese Entfesselung des Ressentiments verstärkt sich mit der einsetzenden Fluchtbewegung.

Die Sympathisanten und Wähler rechtspopulistischer Parteien sind vielfach nicht von den Lösungsangeboten und der praktischen Energie ihrer neuen Akteure überzeugt. Sie hoffen auch auf die Änderung der Positionen etablierter Parteien. Da die Parteien der Mitte, aus Angst vor dem weiteren Aufschwung des Rechtspopulismus, in zentralen Punkten – Flüchtlings- und Sicherheitspolitik, aber auch in der Distanz zu »Multikulti« – einlenkten, bestätigten und verfestigten sie die politischen Angebote der rechtspopulistischen Parteien. Sie machten genau das, was die Rechtspopulisten schon immer gefordert hatten, sodass Teile der Bevölkerung deren Verdikt von der Überfremdung des eigenen Volkes als von vorneherein berechtigte Kritik an der Willkommenspolitik empfinden mussten. Die Ressentiments gegenüber Flüchtlingen und Migranten, deren Funktion als Sündenböcke für die sozialen Abstiegsnöte, wurden dadurch verstärkt. Der Rechtspopulismus wird deshalb nicht rasch wieder verschwinden – selbst wenn die Bewegung von massiven Zerreißproben organisatorischer, personeller und politisch-programmatischer Art begleitet wird. Die Rechtspopulisten versuchen zudem, sich im zivilgesellschaftlichen Terrain sowie auch speziell in der betrieblichen Mitbestimmung[1] festzusetzen.

---

1 Vgl. hierzu auch den Beitrag von Anna-Lena Herkenhoff und Michael Barthel in diesem Band.

Moderne Rechte im Betrieb ein »Randphänomen«?

Die AfD bemüht sich um den Aufbau »alternativer Gewerkschaften« und will bei den im Frühjahr 2018 stattfindenden Betriebsratswahlen, bei denen 180.000 Betriebsräte neu gewählt werden, in der betrieblichen Interessenvertretung der Beschäftigten vertreten sein. Die »Alternative« müsse eine gesellschaftliche Bewegung werden, die sich überall verzahnt. Es soll auch alternative Gewerkschaften und alternative Sozialverbände geben. Der Deutsche Gewerkschaftsbund (DGB) registriert eine zunehmende Mobilisierung durch die AfD und andere rechte Gruppierungen in den Betrieben. Der DGB-Vorsitzende Reiner Hoffmann beurteilt das allerdings bislang als »Randphänomen«, die rechten Gruppierungen seien unfähig und wollten nur spalten.

Als größte zivilgesellschaftliche Mitgliederorganisationen engagieren sich Gewerkschaften für ein offenes, tolerantes und demokratisches Gemeinwesen und stehen gegen eine rechtspopulistische Ausländer-, Flüchtlings- und Asylpolitik. Die modernen Rechten propagieren nicht nur Abschottung, sondern wollen die politisch-soziale Verfassung umwälzen, an der Stelle des Citoyen ein imaginiertes, ethnisch mystifiziertes »Volk« anrufen und gegen »Establishment« und »Elite« in Stellung bringen. Folgt man den Propagandisten des Rechtspopulismus, schiebt sich vor die soziale Spaltung zwischen dem gesellschaftlichen Oben und Unten die zwischen dem »Volk« und »den anderen«.

Mit Establishmentkritik wird auch gegen die Gewerkschaften mobilisiert: »Die Gewerkschaften sind zum Instrument der Mächtigen geworden.« (Einprozent.de 2017) »Das Establishment hat seine Gesinnungswächter auch am Fließband, im Büro und in der Werkstatt untergebracht – Patrioten beschützen deinen Arbeitsplatz« (Werdebetriebsrat.de 2018). Der Aufbau rechter Interessenvertretungsstrukturen wird in rechte Kapitalismuskritik gepackt, wenn der Thüringer AfD-Vordenker Höcke anlässlich der Gründung einer Vernetzungs-Initiative fordert, »die sozialen Errungenschaften von 150 Jahren Arbeiterbewegung gegen die zerstörerischen Kräfte des Raubtierkapitalismus [zu] verteidigen«. (mdr 2017) Die Aufstellung eigener Listen zur Betriebsratswahl ist jedoch nur einer der in Frage kommenden Wege. Ein anderer Ansatz, in den Betrieben stärker Fuß zu fassen, besteht darin, auf »unabhängigen« Listen oder verdeckt auf Gewerkschaftslisten zu kandidieren und sich so ein Mandat der Belegschaft zu organisieren.

Ein arbeitsweltlicher Nährboden des Rechtspopulismus

Es wäre eine unzureichende Sichtweise, die Betriebe nur als zu erschließendes Terrain zu sehen. Im Gegenteil: Es gibt Entwicklungen in der Arbeitswelt, die für das Erstarken des Rechtspopulismus mitverantwortlich sind. Arbeitsweltliche Entwicklungen sind ein Nährboden für den gegenwärtigen Aufstieg des Rechtspopulismus. Einer der zentralen Befunde einer Studie über Rechtspopulismus und Gewerkschaften (Sauer u.a. 2018) lautet: Im Vergleich zu unseren früheren Untersuchungen (Detje u.a. 2011, Detje u.a. 2013) haben wir es heute mit einer signifikanten Verschlechterung der arbeitsweltlichen Verhältnisse zu tun. Dies wird von den von uns Befragten in der Kontinuität eines historischen Krisenprozesses gesehen: Der fortwährende Druck und die permanente Unsicherheit von Beschäftigung, Einkommen und Arbeitsbedingungen durch die beständige Restrukturierung der Abläufe im Betrieb führen zur Einschätzung von »Krise als Dauerzustand«, die subjektiv als Abstiegsängste, Kontrollverluste, aber auch als Abwertung und verweigerte Anerkennung verarbeitet wird, was vielfach in Wut oder Resignation mündet. Das Gefühl, dass die eigene Leistung nicht mehr anerkannt wird, dass man nicht gerecht entlohnt wird, und die verweigerte Wertschätzung des persönlichen Engagements erreichen im Vergleich zu den Ergebnissen unserer früheren Studien eine neue Qualität. Ein wesentlicher Faktor ist die Leistungsgerechtigkeit, also die Frage, ob bezogen auf die Qualifikation, auch im Vergleich mit den Leistungen von anderen, angemessen bezahlt wird und der persönliche Arbeitseinsatz überhaupt wahrgenommen und wertgeschätzt wird.

Seit unseren früheren Untersuchungen haben sich die Belastungen und Anforderungen in den Betrieben weiter zugespitzt – sowohl was die objektiven Bedingungen angeht, als auch in der subjektiven Wahrnehmung der Beschäftigten. Dieser Eindruck ist vor dem Hintergrund einer permanenten Reorganisation nicht verwunderlich, denn diese folgt der immanenten Steigerungslogik als Resultat einer finanzmarktorientierten Unternehmenssteuerung. Hinzu kommt der neoliberale Umbau der Sozialsysteme, der Arbeits- und Beschäftigungsverhältnisse weiter entsichert. »Krise ist immer« heißt deswegen nicht nur immer Unsicherheit, Anspannung und Überforderung, sondern es entsteht eine Abwärtsspirale der Verschlechterung der Arbeitsbedingungen (siehe hierzu Sauer 2013 und 2016).

Prozesse betrieblicher Umstrukturierungen (z.B. Aufspaltungen, Verlagerungen, flexible Beschäftigung, marktorientierte Leistungsteuerung), die schon länger wirken, haben an Intensität und Reichweite zugenommen. Hinzu kommen neue Tendenzen (Digitalisierung, Dekarbonisierung, neue Wertschöpfungsketten u.ä.), die das Tempo der Reorganisation erhöhen und die Unsicherheit vergrößern. Zur Zuspitzung gehört die fortgeschrittene Prekarisierung von Arbeitsverhältnissen, aber ebenso das, was in scheinbar gesicherten Stammbelegschaften als wachsender Druck und Anerkennungsverluste verarbeitet wird. Und schließlich jene Erfahrungen, bei denen marktgetriebene Selbststeuerung und damit verbundene Autonomieversprechen in Kontrollverluste umschlagen. Es geht also nicht einfach um eine Schlechterstellung in Richtung der Zonen der Prekarität, es geht weit darüber hinaus um Erfahrungen einer weiteren »In-Wertsetzung« von Arbeit in einer rendite- oder finanzmarktgetriebenen Unternehmenspolitik, die arbeitsbezogene Kontroll- und Perspektivverluste generiert.

Das Versprechen des Neoliberalismus, das Individuum ins Zentrum zu stellen, verheißt keine Zukunft mehr. Und die Sorge um die Gestaltbarkeit der eigenen Erwerbsbiografie in der Zukunft ist durchaus ein wichtiger Nährboden für den Rechtspopulismus (siehe hierzu Hilmer u.a. 2017). Denn der Rechtspopulismus ist eine Gegenbewegung, die nicht als ein Neoliberalismus in neuem Gewand interpretiert werden darf, wie mitunter mit Blick auf Programmfragmente der AfD geschlussfolgert wird. Er transportiert keine soziale Utopie der vereinzelten Einzelnen, sondern schöpft seine Kraft aus neuen Kollektividentitäten. Deshalb ist der These von Heitmeyer zuzustimmen, »dass viele der ›PEGIDA‹-Mitläufer gar nicht hinhören, was da auf dem Lautsprecherwagen gesagt wird, sondern dass das Wichtigste schlicht das Gemeinschaftsgefühl ist, der Eindruck, Teil einer großen Gruppe, eines Kollektivs, zu sein« (Heitmeyer 2017). Hier kommen dann auch Volk und Nationalismus ins Spiel, als »Ersatz für Integrationsfaktoren in einer desintegrierenden Gesellschaft. Wenn die Gesellschaft zerfällt, erscheint die Nation als letzte Garantie« (Bauman 2016a; siehe auch Hobsbawm 1991).

Die Zuspitzung arbeitsweltlicher Problemlagen zielt nicht nur auf den Tatbestand des Leistungsdrucks im Sinne physisch-psychischer Überforderung. Kontrollverluste machen sich auch daran fest, dass das betriebliche Ordnungssystem tendenziell aus den Fugen gerät. Der Kapitalismus als Leistungssystem basiert auf einem Versprechen: Wer seine Arbeit gut und effektiv macht und sich dafür schulisch und beruflich qualifiziert hat, der oder die erhält ein (relatives) Wohlstands- und Sicherheitsversprechen – und wenn es gut läuft auch ein Aufstiegsversprechen. Das war, wenn man so will, die Grundlage jeder sozialpartnerschaftlichen Politik. Unsere Beobachtung ist: Diese Sicherheitsversprechen lösen sich auf, sie kommen unter die Räder eines Regimes der Unsicherheit. Dies ist nach unserem Dafürhalten der betrieblich-arbeitsweltliche Nährboden für rechtspopulistische Verarbeitungsformen. Selbst wenn man heute noch die Chance sieht, damit irgendwie zurechtzukommen, nimmt doch die Zukunftsunsicherheit immer mehr zu.

Die Unsicherheit der Beschäftigten resultiert nicht nur aus den fehlenden oder mangelhaften Regulierungen auf der betrieblichen Ebene, sondern auch aus fehlenden politischen Interventionen in den außerbetrieblichen Lebensbereichen. Beispielhaft dafür werden die Gesundheitsversorgung, aber auch die Wohnungssituation und der Bildungsbereich angeführt, die durch die staatliche Sparpolitik heruntergewirtschaftet wurden. Der staatliche Kontrollverlust wird bei Teilen der Belegschaften in einen Zusammenhang mit der Flüchtlingsbewegung mit der völkischen Konnotation »Wir sind auch noch ein Volk hier im Land selbst« gestellt. Motto: »Die kriegen es, und wir müssen darben.« Aber auch bei denen, die diese Perspektivverschiebung in Richtung »Wir und die Anderen« nicht teilen, bleibt Ratlosigkeit: »Ich verstehe das System nicht.« (Siehe hierzu ausführlicher die Äußerungen der Befragten in Sauer u.a. 2018.)

Im Umgang mit ihren negativen Gefühlen mangelt es vielen Beschäftigten an einer Strategie und auch an Wissen um Akteure, die ihnen Wege zur Lösung ihrer Probleme aufzeigen könnten. Der Glaube daran, die eigene Lage positiv beeinflussen zu können, schwindet angesichts der Übermacht eines Gegners, der sich oftmals nicht einmal dingfest machen lässt. Die Rolle des aktiven Akteurs, der Unterstützung bietet und Perspektiven aufzeigt, wird immer noch den Gewerkschaften zugewiesen. Inzwischen sehen viele Beschäftigte diese allerdings zunehmend in der Defensive. Sie werden von den Unternehmen und der Politik in die Rolle von Akteuren gedrängt, die gerade die schlimmsten Folgen der Umstrukturierungen abmildern, Verbesserungen aber nicht mehr durchsetzen können. Gewerkschaftliche Betätigung wird angesichts dieser resignierten Lageeinschätzung von vielen Arbeitnehmer*innen als sinnlos erachtet. Die Erosion des arbeitsweltlichen Ordnungssystems ist die eine Seite des Nährbodens für den Rechtspopulismus, die Schwächung der politischen und gewerkschaftlichen Gegenmacht die andere.

Die Distanz zum politischen Feld, zu den parlamentarischen Institutionen ist im Vergleich zu unseren früheren Befragungen weiter gewachsen. Die Befragten sehen ihre Interessen fast durchgängig von den etablierten Parteien nicht mehr vertreten: Das was auf der europäischen Bühne sichtbar wird – der Bedeutungsverlust der traditionellen Parteien – trifft auch für den Alltag in den Betrieben zu. Die Beschäftigten fühlen sich mit ihren Sorgen allein gelassen. Daraus entwickeln sich Zorn und Wut auf die politischen Repräsentanten. Doch die Erosion geht weiter: Aus der Distanz zur Politik entwickelt sich eine Anti-Establishment-Haltung. Das Misstrauen in die überkommenen Strukturen demokratischer Willensbildung und ihrer Institutionen hat sich verstärkt. Es wird durch ein »wir hier unten« – der einfache, hart arbeitende Mann – gegen »die da oben« – die Eliten, die Politiker, die Medien (»Lügenpresse«) oder schlicht »das System« – ausgedrückt.

Wenn diese Befunde zutreffend sind, wenn es spezifische arbeitsweltliche Potenziale rechtspopulistischer Orientierungen gibt, dann kommen den Gewerkschaften herausgehobene Aufgaben im Kampf gegen völkische, antidemokratische und menschenfeindliche Einstellungen und Aktivitäten zu. Wenn es nicht mehr »nur« um die zivilgesellschaftliche Bekämpfung des Rassismus geht, sondern auch um die Auseinandersetzung mit seinen Ursachen, um das »Trockenlegen« seines Nährbodens in den Betrieben, dann sind das Herausforderungen, die im ureigensten arbeitspolitischen Feld der Gewerkschaften liegen.

Literatur

Bauman, Zygmunt (2016a): Nationalismus ist ein Ersatz. Gespräch mit dem Spiegel vom 3.9.2016; http://www.spiegel.de/spiegel/print/d-146612557.html

Bauman, Zygmunt (2016b): Die Angst vor den anderen. Ein Essay über Migration und Panikmache. Berlin.

Bischoff, Joachim/Müller, Bernhard (2016a): Rechtspopulismus in der »Berliner Republik« und Europa – Ursachen und Hintergründe, in: Häusler, Alexander/Virchow Fabian (Hrsg.): Neue soziale Bewegung von Rechts? Zukunftsängste, Abstieg der Mitte, Ressentiments. Hamburg, S. 19-31.

Bischoff, Joachim/Müller, Bernhard (2016b): Moderne Rechte und die Krise des demokratischen Kapitalismus, Supplement der Zeitschrift Sozialismus 12.

Detje, Richard/Menz, Wolfgang/Nies, Sarah/Sauer, Dieter (2011): Krise ohne Konflikt? Interessen- und Handlungsorientierungen im Betrieb – die Sicht von Betroffenen. Hamburg.

Detje, Richard/Menz, Wolfgang/Nies, Sarah/Sauer, Dieter/Bischoff, Joachim (2013): Krisenerfahrungen und Politik. Ein Blick von unten auf Betrieb, Gewerkschaft und Staat. Hamburg.

Dörre, Klaus (2018): Demokratische Klassenpolitik – eine Antwort auf den Rechtspopulismus, in: Butterwegge, Christoph/Hentges, Gudrun/Lösch, Bettina (Hrsg.): Auf dem Weg in eine andere Republik? Neoliberalismus, Standortnationalismus und Rechtspopulismus. Weinheim.

Einprozent.de (2017): »Linke Gewerkschaften: von den Konzernen gekauft«; einprozent.de/blog/arbeit-und-wirtschaft/linke-gewerkschaften-von-den-konzernen-gekauft/2185 vom 16.11.2017

Funke, Hajo/Mudra, Christiane (2018): Gäriger Haufen. Die AfD: Ressentiments, Regimewechsel und völkische Radikale. Handreichung zum demokratischen Widerstand, Hamburg.

Häusler, Alexander/Roeser, Rainer (2015): Die rechten ›Mut‹-Bürger. Entstehung, Entwicklung, Personal & Positionen der »Alternative für Deutschland«. Hamburg.

Häusler, Alexander/Virchow, Fabian (Hrsg.) (2016): Neue soziale Bewegung von rechts? Zukunftsängste | Abstieg der Mitte | Ressentiments. Hamburg.

Heitmeyer, Wilhelm (2010): »Wutgetränkte Apathie«. Der Soziologe Wilhelm Heitmeyer über den Bewusstseinswandel der Deutschen in der Krise und ihr neues Feindbild: den Langzeitarbeitslosen, Interview mit dem Spiegel vom 3.4.2010; www.spiegel.de/spiegel/print/d-69821798.html.

Heitmeyer, Wilhelm (2017): »Erwachen aus wutgetränkter Apathie«, Interview mit der Süddeutschen Zeitung vom 4.10.2017; www.sueddeutsche.de/politik/soziologe-zur-afd-erwachen-aus-wutgetraenkter-apathie-1.3687762

Hilmer, Richard/Kohlrausch, Bettina/Müller-Hilmer, Rita/Gagné, Jérémie (2017): Einstellung und soziale Lebenslage, Working Paper Forschungsförderung 44 der Hans Böckler Stiftung.

Hobsbawm, Eric (1991): Nationen und Nationalismus. Mythos und Realität seit 1780. Frankfurt a.M./New York.

Hochschild, Arlie Russell (2016): Strangers in their own land. Anger and mourning on the American right. A Journey to the Heart of Our Political Divide. New York (dt.: Fremd in ihrem Land. Eise Reise ins Herz der amerikanischen Rechten, Frankfurt a.M. 2017).

mdr (2017): Compact-Konferenz in Leipzig – Rechtspopulisten wollen in die Betriebe; www.mdr.de/investigativ/compact-rechtpopulisten-betriebe-100.html vom 29.11. 2017.

Sauer, Dieter (2013): Die organisatorische Revolution. Umbrüche in der Arbeitswelt – Ursachen, Auswirkungen und arbeitspolitische Antworten. Hamburg.

Sauer, Dieter (2016): Permanente Reorganisation. Unsicherheit und Überforderung in der Arbeitswelt. In: Doering-Manteuffel, Anselm/Raphael, Lutz/Schlemmer, Thomas (Hrsg.): Vorgeschichte der Gegenwart. Dimensionen des Strukturbruchs nach dem Boom. Göttingen, S. 37-57.

Sauer, Dieter/Stöger, Ursula/Bischoff, Joachim/Detje, Richard/Müller, Bernhard (2018): Rechtspopulismus und Gewerkschaften. Eine arbeitsweltliche Spurensuche, Hamburg.

Werdebetriebsrat.de (2018): werdebetriebsrat.de

Beate Küpper / Andreas Zick

Wie sich der Rechtsruck in den Befunden der Einstellungsforschung widerspiegelt

Die Entwicklung von menschenfeindlichen und rechtsextremen Einstellungen

Zur Beschreibung und zum Verständnis eines »Rechtsrucks« in Deutschland ist unseres Erachtens auch die Beobachtung von Einstellungen in der Bevölkerung ein wichtiger Aspekt. Rechtsextreme Ideologien basieren auf menschenfeindlichen Überzeugungen, die sich in Einstellungen manifestieren. Rechtspopulistische Akteure lehnen sich an vorhandene latente oder offene Rassismen an, greifen sie auf und verstärken sie. Zugleich verharmlosen rechtspopulistische Bewegungen und Parteien menschenfeindliche Meinungen als »normale Meinungen« und geben ihnen einen Ort.

Seit dem Jahr 2002 werden sowohl rechtsextreme als auch damit verwandte, abwertende Einstellungen – letztere unter dem Begriff »Gruppenbezogene Menschenfeindlichkeit« (GMF) – in Deutschland regelmäßig und auf eine vergleichbare Art und Weise erhoben. Die Beobachtung rechtsextremer Einstellungen wird seit 2006 unter dem Label »Mitte-Studie« von der Friedrich-Ebert-Stiftung (FES) in bislang zweijährigem Turnus in Auftrag gegeben. Der Fokus der Studien liegt auf der Erfassung »harter«, also starker und offener rechtsextremer Einstellungen in drei politischen Dimensionen – Befürwortung einer rechtsgerichteten Diktatur, Verharmlosung des Nationalsozialismus, nationaler Chauvinismus – und drei sozialen Dimensionen – Ausländerfeindlichkeit, Antisemitismus und Sozialdarwinismus. Parallel und zunächst unabhängig davon wurden im Rahmen der GMF-Langzeitstudie (2002-2011) unter der Leitung von Wilhelm Heitmeyer abwertende und ausgrenzende Einstellungen gegenüber diversen sozialen Gruppen erfasst.[1]

---

[1] Mit den Jahren wurde die Beobachtung auf bislang 13 Elemente erweitert: Fremden- und Muslimfeindlichkeit, Antisemitismus, ethnischer Rassismus, Sexismus, Abwertung von Sinti und Roma, von asylsuchenden, langzeitarbeitslosen, wohnungslosen, behinderten, homosexuellen und Trans*-Personen sowie die Forderung von Etabliertenvorrechten.

Seit 2014 führen wir die Beobachtung im Rahmen der FES-Mitte-Studien fort, aus denen wir im Folgenden einige zentrale Befunde berichten.[2] In den neueren Studien messen wir neben offenen, direkten Vorurteilen auch subtilere Ausdrucksformen, außerdem neben rechtsextremen auch rechtspopulistische Einstellungen sowie jüngst, in einem ersten Aufschlag, auch Meinungen, die sich als »neurechts« beschreiben lassen. Rechtspopulistische Einstellungen erfassen wir in den zentralen Elementen Demokratiemisstrauen, Law-and-Order-Autoritarismus und der Abwertung aktuell insbesondere von Eingewanderten, Muslimen, Roma und Geflüchteten, wobei auch antisemitische Einstellungen eng damit verknüpft sind. In der von der Stiftung Mercator geförderten Studie »ZuGleich« (Zugehörigkeit und Gleichwertigkeit) beobachten wir menschenfeindliche Einstellungen noch einmal spezifisch im Kontext von Einwanderung und Integration.[3] Die Studien sind jeweils als repräsentative Meinungsumfragen angelegt.[4]

Deutlich wird: Harte rechtsextreme Einstellungen sind bis 2014 ganz klar rückläufig. Das gilt auch für einen aggressiven Law-and-Order-Autoritarismus, der Konformismus und härtere Maßnahmen gegen Unruhestifter und Außenseiter fordert, und der sich zum einen im Rechtspopulismus zeigt, zum anderen eng mit GMF gegenüber diversen Gruppen zusammenhängt.

Ebenso sind in den letzten 17 Jahren abwertende Einstellungen gegenüber sozialen Gruppen bzw. gegenüber Personen, die anhand eines zugewiesenen Merkmals wie der ethnisch-kulturellen Herkunft, der Religion, des Geschlechts, ihrer sexuellen Orientierung usw. als Mitglied einer sozialen Gruppen wahrgenommen werden, insgesamt eher zurückgegangen. Allerdings gilt das nicht gleichermaßen für die Abwertung aller typischerweise diskriminierten Gruppen, und einige Abwertungsphänomene nehmen in jüngster Zeit wieder zu. Ein nahezu linearer Rückgang lässt sich für einen klassischen Sexismus und offene Homophobie, also die Abwertung von lesbischen, schwulen und bisexuellen

---

[2] Andreas Zick/Beate Küpper/Daniela Krause (2016): Gespaltene Mitte – Feindselige Zustände. Rechtsextreme Einstellungen in Deutschland. Hrsg. von Ralf Melzer für die Friedrich-Ebert-Stiftung, Bonn.

[3] Andreas Zick/Madlen Preuß (2016): Einstellungen zur Integration in der Bevölkerung. Kurzbericht zum Projekt ZuGleich – Zugehörigkeit und Gleichwertigkeit. Hrsg. von der Stiftung Mercator.

[4] In der GMF-Studie, der ZuGleich-Studie und in der FES-Mitte-Studie seit 2014 werden telefonische Interviews mit den Befragten geführt, in der FES-Mitte-Studie vor 2014 bzw. in der seitdem unter dem Label Leipziger Mitte Studie fortgeführten Erhebung von Brähler/Decker et al. werden den Befragten zur Erfassung der zentralen inhaltlichen Konstrukte Fragebögen zum Selbstausfüllen vorgelegt. Dies ist ein Grund für die dort zum Teil etwas höheren Zustimmungswerte.

Personen beobachten. Auch Fremdenfeindlichkeit und klassischer Antisemitismus erfahren heute etwas weniger Zustimmung, was sich allerdings so klar nicht für den sekundären bzw. den über Israel kommunizierten Antisemitismus sagen lässt, teilweise nimmt dieser in den letzten Jahren eher wieder zu. Bei abwertenden und ausgrenzenden Einstellungen gegenüber anderen sozialen Gruppen wie etwa Muslimen sind keine klaren Trends festzustellen. Die Abwertung Langzeitarbeitsloser bleibt seit der ersten Erfassung in 2005 beständig auf gleichem Niveau. Die Forderung von Vorrechten für Etablierte gegenüber Neuhinzukommenden hat jüngst wieder Konjunktur und auch der harte, völkisch und biologistisch argumentierende ethnische Rassismus, der Weiße von Natur aus Schwarzen überlegen sieht, ist wieder auf dem Vormarsch. Die »ZuGleich«-Studie verweist auf einen signifikanten Anstieg der Vorurteile gegenüber Geflüchteten von 2014 auf 2016.

Seit 2014 zeigt sich auch insbesondere im Osten Deutschland eine erneute Zunahme rechtsextremer Einstellungen. Und noch etwas ist auffällig: Die Meinungen in der Bevölkerung polarisieren sich, im Osten noch deutlicher als im Westen. Das ist gut sichtbar an der Haltung zur Demokratie. Die Mehrheit spricht sich ganz deutlich für Demokratie, Vielfalt und Gleichwertigkeit aus und tut dies in 2016 auch noch deutlicher als in 2014. Klar dagegen positioniert sich eine kleine, aber laute und aggressive Minderheit. Dies weist auf Phänomene der Spaltung und Konfrontation hin, die sich auch schon bei Pegida und ihren Ablegern bzw. den Gegendemonstrationen auf der Straße offenbarten. Diese Polarisation lässt sich an vielen einzelnen Aussagen ganz konkret ablesen. So stimmen beispielsweise in 2016 76% der Bevölkerung der Aussage »Wir sollten einen Führer haben, der Deutschland zum Wohle aller mit starker Hand regiert« überhaupt nicht zu, aber auch fast 8% »voll und ganz« zu, während die Abstufungen dazwischen nur von wenigen Befragten gewählt werden. Ähnlich sieht das Muster bei der Antwortverteilung zu der Aussage aus: »Was Deutschland jetzt braucht, ist eine einzige starke Partei, die die Volksgemeinschaft insgesamt verkörpert.« Hier stimmen 56% überhaupt nicht zu, aber 14% voll und ganz, wieder mit weniger Befragten, die Antwortalternativen dazwischen wählen.

Normalisierungen rechtsextremer Einstellungen mit der Etablierung der AfD

Einige politikwissenschaftliche Beobachter*innen bewerten die Wahlerfolge der AfD als »Normalisierung« Deutschlands. Die Frage ist aber, ob man »normalisiert« allein an der durchschnittlichen Verbreitung von Meinungen in der Bevölkerung, auch wenn sie rassistisch sind, bemessen möchte oder auch an demokratischen Grundnormen. In der Tat ist die Bundesrepublik Deutschland im Vergleich zu anderen europäischen Ländern eher eine Nachzüglerin, was die Wahl rechtspopulistischer bis rechtsextremer Parteien betrifft. Das könnte auf einen Lernprozess oder zumindest eine Verzögerung aus Scham und Erschrecken aus der Erfahrung des Nationalsozialismus verweisen. Wenn nun auch in Deutschland eine Partei wie die AfD erfolgreich ist, die Gleichstellungsmaßnahmen verhöhnt, ganze soziale Gruppen pauschal diskreditiert, in Teilen menschenverachtende Positionen einnimmt, die Würde und Gleichwertigkeit von Menschen sowie den Schutz vor Verfolgung infrage stellt, könnte man dies mit Blick auf die Entwicklung in anderen europäischen Ländern als Normalisierung bewerten. Normalisierung kann aber eben auch eine Gewöhnung der Mitte der Gesellschaft an bislang marginalisierte Positionen bedeuten, an Meinungen, die verachtender oder nationalistischer sind als ihre eigenen Positionen, nicht zuletzt auch, weil sie sich Vorteile davon verspricht.

Die Beobachtung von Normalisierungen zeigt sich für uns eher im derzeit rasanten Prozess der Verschiebung von Normen, die für die Demokratie wesentlich sind. Die Rechtsextremismusforschung beobachtet schon länger ein langsames und subtiles Einsickern von antidemokratischen Begriffen, Deutungen, Ideologien und Narrativen in den gesellschaftlichen und politischen Diskurs. Selbst der Verfassungsschutz spricht in seinem letzten Bericht von einem Einsickern der neuen Rechten in weite Teile von politischen Milieus. In den Studien beobachten wir dies am Zuspruch zu Ideen, die bis dato so offen nur von kleinen und sich elitär gebenden Gruppen der Neuen Rechten oder der Identitären Bewegung vertreten wurden. So stimmten im Sommer 2016 beispielsweise 40% der Befragten der Aussagen zu: »Deutschland wird durch den Islam unterwandert«.

Vor dem Hintergrund der historischen Erfahrung des Nationalsozialismus klingt »Normalisierung« geradezu zynisch und treibt sie mit dem entlastenden Etikett »normal« voran. Dabei ist sich ein nicht unerheblicher Teil der Bevölkerung der politischen Verschiebungen durchaus bewusst und bewertet sie negativ. In der letzten FES-Mitte-Studie gaben fast 60% der Befragten an, Sorgen zu haben, dass Deutschland zu weit nach rechts driftet, und in der Studie 2014 (nicht in 2016 erfasst) sagten 87%, sie fänden es bedrohlich, wenn der Rechtsextremismus zunimmt. Dieser Teil der Bevölkerung erhält im sich verschobenen Diskurs unseres Erachtens zu wenig Aufmerksamkeit. Wir würden daher die Normalisierung menschenverachtender Ideologien nicht als einen Automatismus beschreiben wollen. Nach wie vor will sich ein ganz großer Teil der Bevölkerung nicht einem Sog nach rechts hingeben oder gar lahmlegen lassen, auch wenn mancherorts und in einigen Feldern wie der Integrationsarbeit der Widerstand gegen Alltagsrassismus und Rechtsextremismus manchmal fast schon etwas verzweifelt ist.

Einflüsse von Wahlerfolgen der AfD auf Bevölkerungsmeinungen

In der FES-Mitte-Studie 2016 erwiesen sich 80% derjenigen, die angeben, die AfD wählen zu wollen, als rechtspopulistisch eingestellt und 23% vertraten auch offene, harte, rechtsextreme Einstellungen, während dies über die Gesamtbevölkerung hinweg nur für knapp 3% galt. Eva Groß und Andreas Hövermann zeichnen dabei empirisch eine Zunahme der rechtsextrem Eingestellten unter den zu diesem Zeitpunkt noch potenziellen Wähler*innen bzw. Sympathisant*innen der AfD nach. Dies dürfte sowohl auf eine Radikalisierung der sich schon länger zur AfD bekennenden Wähler*innen zurückzuführen sein, als auch darauf, dass es der AfD offenbar gelungen ist, aus dem Kreis der Nichtwähler*innen, aber auch aus anderen Parteien insbesondere jene für sich zu gewinnen, die rassistisch und rechtsautoritär eingestellt sind. Die Partei schöpft aus dem radikalisierten Reservoir unter den Nichtwähler*innen bzw. den Wähler*innen anderer Parteien und die AfD bietet ihren Wähler*innen so ziemlich genau das an, was sie haben wollen. Die Interpretation, die Wähler*innen der AfD seien vor allem »nur« Protestwähler*innen, stimmt demnach so nicht.

Gewöhnungseffekte ergeben sich mit der Präsenz der AfD in den meisten Landesparlamenten und im Bundestag, samt aller Ausschüsse. Verstärkend wirkt dabei die durchaus gängige Argumentation, man müsse die AfD einladen und anhören, »sie sei ja nun mal gewählt«, wobei damit manchmal auch impliziert wird, sie sei deswegen demokratisch. Inwieweit sich dies schon in den Einstellungen der Bevölkerung niederschlägt, lässt sich noch nicht eindeutig feststellen. Das geschieht immer erst verzögert. Allerdings lassen Vergleiche zu anderen Ländern einige Rückschlüsse zu. Das Nachbarland Österreich bietet hierzu ein Beispiel. Dort ist zu beobachten, wie der Kompass verloren gegangen ist und rechtsextreme Positionen und Akteur*innen weite Akzeptanz finden. Auch in einigen deutschen Regionen, insbesondere im Osten der Republik, ist dies in Teilen zu befürchten.

Zur Differenz und Ähnlichkeit von Rechtsextremismus, Rechtspopulismus und GMF

Eine theoretisch trennscharfe Unterscheidung von Rechtsextremismus und Rechtspopulismus lässt sich sowohl im Hinblick auf soziale Bewegungen und Parteien als auch hinsichtlich der ideologischen Komponenten nicht mehr so eindeutig ziehen. Ideologische Überschneidungen finden sich etwa bei Fremdenfeindlichkeit, Rassismus bzw. Sozialdarwinismus und Antisemitismus, wie auch bei anti-feministischen Positionen bzw. Anti-Genderismus. Auch die vormals trennscharfe Unterscheidung anhand der Zustimmung und Legitimierung von Gewalt zur Durchsetzung der ideologischen Interessen weicht auf.

In den Einstellungen der Bevölkerung, in denen sich diese Ideologien oder Ideologiefragmente widerspiegeln, verwischen die Grenzen ebenfalls. Empirisch beobachten wir hohe Korrelationen zwischen dem, was wir als rechtspopulistische Einstellungen bezeichnen, und dem, was wir inhaltlich als rechtsextremistische Einstellungen erfassen. Im Durchschnitt der Bevölkerung neigen Personen, die rechtsextrem eingestellt sind, mit ziemlicher Wahrscheinlichkeit auch zu rechtspopulistischen Einstellungen und umgekehrt, unabhängig davon, dass absolut gesehen offene und harte rechtsextreme Einstellungen natürlich deutlich seltener sind. Auch die Frage der Affinität zur Gewalt, an der einige Autor*innen den Rechtsextremismus vom Rechtspopulismus abgrenzen, ist empirisch nicht mehr einfach feststellbar. Die Korrelationen von Gewaltbilligung und Gewaltbereitschaft mit rechtsextremen Einstellungen sind nur geringfügig höher als die Korrelationen der Gewaltaffinität mit rechtspopulistischen Meinungen. Man könnte kritisch einwenden, unsere Erfassungen seien nicht zuverlässig und genau, und außerdem könnten Überzeugungen durchaus korrelieren und zugleich konzeptuell empirisch trennscharf sein. Dennoch meinen wir, dass es wissenschaftlich geradezu gefordert ist, Konzepte, die auf der theoretischen Ebene Sinn machen können, nicht nur kritisch zu hinterfragen, sondern auch den Wandel der Phänomene zu beachten, und sie empirisch genau zu prüfen. Viele Studien verweisen auf eine Wechselwirkung von Rechtsextremismus und Rechtspopulismus und geben Anlass, sich mit dem Wandel der Phänomene und ihren Übergängen genauer zu beschäftigen.

Nationalismus und Menschenfeindlichkeit

Für einige Autor*innen zählt der völkische Nationalismus zum Kernmerkmal einer extrem rechten Weltanschauung, der zunehmend auch die politische Ideologie der AfD präge. Wir halten völkischen Nationalismus für eine zentrale Weltanschauung zur Kennzeichnung des Rechtsextremismus. Hier zeichnet sich unseres Erachtens die Abgrenzung eines vermeintlich homogenen und völkisch definierten »Wir« gegen »fremde Andere« deutlich ab. Völkischer Nationalismus ist allerdings ein so genanntes »großes« Konzept, das heißt, es hat etliche Subdimensionen und Facetten, die ihrerseits großen Überschneidungen zum Rechtsextremismus aufweisen. Es ist noch nicht geklärt, inwieweit ein völkischer Nationalismus als eigenständiges Konzept oder eben als wichtiger Teil von Rechtsextremismus zu verstehen ist.

Das GMF-Konzept hingegen hat einen anderen Deutungsrahmen als der Rechtsextremismus und der völkische Nationalismus. Wenngleich bei beiden eine Ideologie der Ungleichwertigkeit eine wichtige Rolle spielt, zeigt sich nach der Konzeption von GMF die Ideologie der Ungleichwertigkeit in verachtenden Meinungen, Gefühlen und Handlungsabsichten von Personen; mal offen, mal subtil, und mal mehr, mal weniger ausgeprägt in verschiedenen demographischen Gruppen bzw. politischen Milieus. Die Kernidee des GMF-Konzepts ist, dass die Verachtung und Feindlichkeit gegenüber verschiedenen (sozial konstruierten) Gruppen miteinander einhergehen und ein verbundenes Syndrom der Abwertung bilden. Dies wird durch den gemeinsamen Kern einer Ideologie der Ungleichheit zusammengehalten. Rechtsextremismus und Rechtspopulismus sind insofern als Ideologie mehr als Gruppenbezogene Menschenfeindlichkeit, aber beide basieren auf GMF. Umgekehrt wird im GMF-Syndrom die Abwertung und Ausgrenzung diverser weiterer sozialer Gruppen eingeschlossen, die im Rechtsextremismus zwar auch eine Rolle spielen, aber nicht als wichtige Facetten verstanden werden. Das gilt beispielsweise für Sexismus, die Verachtung von Homosexualität oder Arbeitslosen.

Eine ganz andere Frage ist, wie genau Nationalismus und Menschenfeindlichkeit zusammenhängen. Kolleg*innen der Universitäten Marburg und Gießen haben mit den Daten der GMF-Studie schon früh einen kausalen Einfluss des Nationalismus auf Fremdenfeindlichkeit festgestellt – Fremdenfeindlichkeit wächst mit dem Nationalismus und nicht umgekehrt. Das ist ein wichtiger Befund für die Einschätzung des Verhältnisses von nationalen Identitäten und der Abwertung von Gruppen, wie Immigrant*innen bzw. Personen, die als »Fremde« wahrgenommen werden.

Die »Mitte« der Gesellschaft

Unabhängig davon, dass »die Mitte« in der Geschichte der Republik eine hohe Bedeutung hatte, wird die »Mitte« in der empirischen Sozialwissenschaft unterschiedlich bestimmt und operationalisiert. Rein deskriptiv misst sich Mitte am Durchschnitt oder Median (dieser Wert teilt eine Verteilung in zwei gleich große Hälften). Ökonomisch wird die Mitte üblicherweise über das Haushaltsnettoeinkommen definiert: Wer zwischen 70% und < 150% gemessen am Einkommensmedian zur Verfügung hat, zählt zur Mittelschicht (andere Einteilungen fassen hier die ökonomische Mitte noch weiter). In der FES-Mitte-Studie sind dies rund 60% der Befragten. In der FES-Mitte-Studie 2014 haben wir die Teilnehmenden gefragt, inwieweit sie sich selbst zur Mitte gehörig zählen, ohne diese näher zu definieren. 90% der Befragten zählten sich ganz oder zumindest in der Tendenz dazu. Ähnlich sieht dies im Datenreport 2016 aus. Darin verorten sich zwei Drittel der Befragten in Deutschland in der Mittelschicht, die auch am Berufs- und Bildungsstatus festgemacht wird. Mit Blick auf die Bestimmung der sozialen Mitte wird oft auch die subjektive soziale Lage über die »Oben-Unten-Skala« (von 1 bis 10) erfasst. Im jüngsten Datenreport sehen sich Arbeitslose mit einer durchschnittlichen 5 am niedrigsten im Vergleich zu allen anderen Statusgruppen. In der FES-Mitte-Studie 2014 wählten drei Viertel der Befragten mittlere Werte zwischen 4 und 7.

Politisch wird die Mitte üblicherweise über die Selbstverortung im politischen Spektrum von links bis rechts erfasst. Hier geben in der FES-Mitte-Studie 60% unverändert auch in 2016 an, politisch »genau in der Mitte« zu sein. Die Selbstverortung bedeutet aber nicht zwangsläufig, dass die Befragten auch Parteien wählen, die der sogenannten Mitte zugeordnet werden, oder dass ihre Einstellungen nicht auch rechtsextrem sein können, wenn man rechtsextreme Einstellungen nicht an der reinen Abweichung zu einem Mittelwert, sondern inhaltlich definiert. In 2016 verorteten sich 53% der Befragten mit manifest rechtsextremen Einstellungen politisch »genau in der Mitte«. Umgekehrt vertraten knapp 3% der vielen Befragten, die sich politisch genau in der Mitte verorteten, manifest rechtsextreme Einstellungen, einzelnen Dimensionen rechtsextremer Einstellungen wurde allerdings deutlich häufiger zugestimmt.

Der Begriff der »Mitte« ist im politischen Raum umstritten wie begehrt. Er suggeriert implizit Mehrheiten, die »richtig« und »normal« sind. Daraus lässt sich dann ableiten, diese Mitte könne ja nicht extrem eingestellt sein, weil das, was sie an Meinungen hat, eben »Mitte«, also normal und normativ sei. Rein deskriptiv stimmt das auch. Der rhetorische Kniff der »Mitte«-Studien ist, menschenverachtende und rechtsextreme Einstellungen eben nicht allein als mögliche Einstellungen einer kleinen rechtextremen Randgruppe oder von Parteien zu verstehen, sondern auch zu untersuchen, inwieweit sie in der »ganz normalen« Bevölkerung Widerhall finden.

Transformation der Demokratie?

Einige Autor*innen meinen, mit den Wahlerfolgen der AfD gehe ein politischer Rechtsruck einher, der die langläufige Unterscheidung zwischen einem rechten Rand und einer angeblich demokratischen Mitte zunehmend hinfällig werden lässt. Dass die Mitte demokratisch ist, war allerdings schon immer eine recht bequeme Schimäre. Würde die Mitte konsequent an Vorurteilsfreiheit und Zurückweisung von extremen Positionen definiert, wäre sie recht klein. Das Bild der »soliden Mitte« dient der Selbstberuhigung und Selbstaufwertung der Gesellschaft und nicht zuletzt auch einer Schmeichelei der Politik gegenüber ihren Wähler*innen. Ein politischer Rechtsruck wird aber nicht nur von der Bevölkerung selbst gesehen, wie wir oben erwähnt haben, sondern auch von vielen Wissenschaftler*innen. Er zeigt sich deutlich in den Wahlen in vielen europäischen Ländern sowie der Etablierung neuer ultrakonservativer und rechtspopulistischer Parteien, die nahezu alle auch rechtsextreme Personen und Positionen beherbergen. Die Frage ist, bis wann man dann noch von Demokratien sprechen will.

Wesentlicher als ein Rechtsruck ist jedoch die beschriebene Polarisierung von Positionen, die von den rechten Rändern ultrakonservativer wie auch etablierter Parteien vorangetrieben wird. Auch in Frankreich ließ sich eine solche Polarisierung bei den letzten Wahlen beobachten. So pauschal lässt sich also unseres Erachtens nicht von einer rechten Transformation der Demokratie in Europa sprechen, wenn, dann gilt das für einige Länder insbesondere Osteuropas und ggf. auch in Österreich. In jedem Fall aber verändern sich einige Parteien nach rechts und damit auch die europäischen repräsentativen Demokratien. Inwieweit sich ein extremer Rechtsruck auch in Deutschland vollzieht, wird sich zeigen, zumindest scheint dieser in einigen Regionen Ostdeutschlands im Gang zu sein. Zugleich wäre dabei zu analysieren, ob es sich um eine Transformation handelt oder zentrale Schutzfaktoren gegen Angriffe auf die Würde von Menschen und Gruppen noch gar nicht vorhanden sind. Auffallend ist aber, dass auch dort, wo man ein demokratisches Verständnis etabliert glaubte, demokratische Grundsätze aufgeweicht oder gar infrage gestellt werden.

Alexander Häusler

Rechte Transformation der Demokratie?

Ein Ausblick

Unbestritten ist nicht nur in linken, sondern mittlerweile zum Teil auch bis hinein in liberalkonservative Diskussionszirkel die Einschätzung, dass sich im Kontext der AfD-Wahlerfolge ein Rechtsruck in Deutschland vollzieht. Die vor einiger Zeit noch vielerorts geäußerte Ansicht, der rechtspopulistische Durchmarsch sei eine bloße Form von nachholender Normalisierung der parteipolitischen Landschaft wie in vielen anderen Ländern, hat sich durch die zunehmend aggressiver auftretenden rechten Kräfte hierzulande verändert. So sprach etwa der stellvertretende ZDF-Chefredakteur im *Heute Journal* in einem Kommentar zur Bundestagswahl in Bezug auf die Inszenierungen der AfD von einem »Angriff auf die liberale Demokratie« (Theveßen 2017).

- Doch wie weit reicht dieser Angriff, was macht diesen Rechtsruck aus?
- Woran ist er zu erkennen und zu bemessen?
- Wie sehr stellt dieser rechte Angriff die Demokratie infrage?
- Wie tiefgreifend ist er zu deuten und was ist dagegen zu tun?

Zu diesen grundlegenden Fragen möchte ich, den Band abschließend, ein paar Anregungen zur Diskussion beisteuern.

Deutungen rechter Transformation

Die AfD-Erfolge in Deutschland werden zunehmend in einen Zusammenhang mit dem weltweiten Vormarsch rechtspopulistischer Parteien gestellt: So werden der Wahlerfolg des US-amerikanischen Präsidenten Donald Trump und die selbsterklärte »illiberale Demokratie« eines ungarischen völkischen Rechtspopulisten Victor Orbán im linksliberalen deutschen Zeitschriftenspektrum als »Vorboten einer neuen autoritären Transformation« (von Lucke 2018: 48) gewertet: Was wir erleben, ist der sukzessive Abschied von bis eben noch als normal begriffenen demokratischen Verhältnissen zu einem neuen autoritären Führerkult.« (ebd.: 44)

Erleben wir also aktuell eine rechte Transformation der Demokratie hin zu einem autoritären Regime?

Es war in den 1960er Jahren eine Schrift von Johannes Agnoli, deren radikal linke Parlamentarismuskritik unter dem Titel »Transformation der Demokratie« zur »Bibel« der sich herausbildenden APO wurde. Laut Agnoli prägte eine Involutionstendenz[1] zu einem autoritären Staat rechtsstaatlichen Typus« (Agnoli/ Brückner 1967: 24) den Gesamtentwicklungsprozess westlicher Gesellschaften der 1960er Jahre. Agnolis Deutungen autoritärer Entwicklungstendenzen standen damals im Kontext einer konservativen »formierten Gesellschaft« – so der vom Publizisten Robert Altmann, Redenschreiber des damaligen Bundeskanzlers Ludwig Erhard (CDU), geprägte Begriff. Agnolis Kritik bezog sich also auf Zustände einer vorherrschenden spießig-konformistischen Gesellschaft, die mit der nachfolgenden Großen Koalition und den darauffolgenden Notstandgesetzen auch autoritäre Züge annahm. Einen »Notstand der Demokratie« sah darin ein Kuratorium mit gleichlautendem Namen, dem neben Wissenschaftlern, Schriftstellern und Geistlichen auch Gewerkschaftsfunktionäre angehörten. Diese historischen Ereignisse und Analogien zeigen: Die aktuelle Situation ist weder singulär, noch ist sie schlicht und erschöpfend mit einem moralisch-politisch falschen Bewusstsein rechtsaffiner Wählermilieus zu erklären. Vielmehr zeigt uns dieser Rückblick, dass Demokratie nicht als ein immer gleichbleibender und gefestigter Gesellschaftszustand im Rahmen einer Rechtsordnung verstanden werden kann. Im Kontext einer postfaschistischen Bundesrepublik mussten viele demokratische Rechte in Wirklichkeit erst politisch erstritten werden.

Die linke Kritik an den strukturellen Defiziten einer Demokratie unter kapitalistischen Produktionsverhältnissen mit ihren daraus resultierenden Klassenunterschieden hat in entscheidendem Maße dazu beigetragen, autoritäre Gesellschaftsformierungen durch die Analyse ihrer jeweilig historisch vorfindbaren sozio-ökonomischen und politischen Widersprüche und Kräfteverhältnisse erklärbar zu machen. In der marxistischen Staatstheorie der ausgehenden 1970er Jahre prägte der Begriff des autoritären Etatismus von Nicos Poulantzas die Diskussion in linken Zirkeln. Poulantzas sah im Staat keinen imaginären Gesamtkapitalisten, sondern begriff ihn als »Verdichtung eines Kräfteverhältnisses«, das autoritäre oder auch emanzipatorische Richtungen einschlagen kann (Poulantzas 2002: 154ff.). Der autoritäre Etatismus jedoch entspreche einer strukturellen Krise, die sich nicht nur ökonomisch, sondern auch als Krise politischer Repräsentation zeige. Dies beinhalte jedoch nicht den Übergang zu einem Ausnahmestaat im Sinne eines Faschismus: Vielmehr stelle der autoritäre Etatismus mit der ihn prägenden Einschränkung demokratischer Rechte und einem Verfall demokratischer Institutionen eine neue Normalitätsform des kapitalistischen Staates dar. Poulantzas sah hierbei den zunehmend zer-

[1] Agnoli verstand unter Involution den Gegenbegriff zur Evolution im Sinne eines komplexen Prozesses der »Rückbildung demokratischer Staaten, Parteien, Theorien in vor- und antidemokratische Formen.« (Agnoli/Brückner 1967: 95)

bröckelten »Mythos vom Wohlfahrtsstaat« als Ausgangspunkt für das »Entstehen von regionalistischen Bewegungen oder Bewegungen, die diverse Nationalitäten wiederbeleben wollen« (ebd.: 242).

In der Tat war das keynesianisch-sozialdemokratisch geprägte Wohlfahrtsstaatsmodell zu jener Zeit das zentrale Angriffsziel der damals neu aufkommenden autoritären Rechten: In Europa entfaltete sich der neue Rechtspopulismus in den 1970er Jahren zunächst als neoliberales Krisenprodukt der ausgehenden Epoche des sozialdemokratisch geprägten Wohlfahrtsstaatsmodells. Er war neoliberalistisch, mittelschichtfixiert, rassistisch und autoritär geprägt. Einhergehend mit der Durchsetzung neoliberaler Wirtschafts- und Gesellschaftskonzepte in Europa erweiterte der Rechtspopulismus seine Agenda mit sozialpopulistischer Stoßrichtung: Fortan inszenierten sich die radikalen Rechten als »nationale Erben« einer angeblich volksfeindlichen, globalisierten linken Elite. Vorausgegangen war der politische Schwenk der europäischen sozialdemokratischen und sozialistischen Parteien hin zur sogenannten Mitte, der zu einer zunehmenden Entfremdung von deren ehemaliger Kernwählerschaft geführt hat. Diese »neue Politik der Mitte« unter neoliberalen Verhältnissen bedient das Milieu der sogenannten Modernisierungsgewinner und läuft auf eine Art von politisch-sozialer »Apartheiddemokratie hinaus: Dies verbindet sich mit einer Legitimationsstrategie, die deutlich wohlfahrtschauvinistisch-populistische, rassistisch und nationalistisch konnotierte Züge« trage. (Hirsch 2001: 202) Dieser »wohlfahrtschauvinistische Diskurs« verfestige das Bewusstsein, dass zwar »fast alle Opfer zu bringen haben und viele zu kurz kommen, aber immer noch besser fahren, wenn es gelingt, in Abgrenzung gegenüber den Verlierern des Globalisierungsprozesses wenigstens den nationalen Standort und die darin liegenden weltmarktkompatiblen Segmente für das Kapital attraktiv zu machen.« (Hirsch 2001: 202f.) Hier liegt die ideologische Anschlussfähigkeit des rechten Populismus begründet, der seine Legitimation für völkisch-autoritäre Handlungsoptionen aus dem Verweis auf das nicht eingelöste Versprechen bezieht, dem ethnisch konstruierten »Volk« dessen nationalistisch begründete »Gerechtigkeit« auf Kosten des Elends der Welt widerfahren zu lassen.

Die in diesem Buch skizzierten Entwicklungen eines völkisch-autoritären Populismus im Zusammenhang mit den AfD-Wahlerfolgen in Deutschland sind nur verständlich und erklärbar durch ihren gesamtgesellschaftlichen Kontext – die Krise politischer Repräsentation im Rahmen eines neoliberal globalisierten Kapitalismus. Mit diesen Krisenerscheinungen geht ein Aufkommen und Aufbegehren neuer radikal rechter Kräfte einher, die – im Unterschied zu vorangegangenen Hochphasen des deutschen Rechtsextremismus – übergreifend Anklang in bürgerlichen wie auch in sozial abgehängten Milieus gefunden haben und politische Allianzen mit nationalkonservativen Strömungen eingegangen sind. Dieser neue völkisch-autoritäre Populismus bezieht seine Kraft ebenfalls aus der Krise linker Parteien und sein reaktionäres, alltagstauglich vermitteltes Narrativ gründet auf der Vorstellung einer besseren, früher noch existenten, nationalen »Volksgemeinschaft«.

Ausnahmezustand oder Polarisierung?

Wie das Kaninchen auf die Schlange starrt die Linke auf die scheinbar unaufhaltbaren Wahlerfolge von Rechtsaußen: Während in der Sozialdemokratie und der Linken Töne lauter werden, die nach rechts verlorene Wählerschaft mit zunehmend nationaler Rhetorik wieder zurückzuholen, wähnen sich linke Krisentheoretiker*innen »im Ausnahmezustand« (Prokla-Redaktion 2016).

Nun erfolgt laut Matthias Lemke die Ausrufung eines Ausnahmezustandes »1) im Falle des Vorliegens oder der Plausibilisierung des Vorliegens einer manifesten Krise, für die erfolgreich behauptet wird, dass sie im Normalbetrieb der Verfassung nicht bewältigt werden kann; zur Bewältigung einer solchen Krise bedarf es 2) der Konzentration von Machtbefugnissen in Händen der Exekutive, womit eine signifikante Verschiebung der Kompetenzen innerhalb des machtteiligen Gefüges einhergeht; diese Verschiebung ist 3) (...) nicht notwendigerweise zeitlich beschränkt: obschon die weit überwiegende Mehrzahl der Verfassungen eine Regelung zum zeitlichen Verfall der Maßnahmen vorsieht, heißt das nicht, dass Regierungen nicht versuchen würden – mitunter auch durch gezielte Umgehung der Sperrfristen – den Ausnahmezustand zeitlich maximal auszudehnen.« (Lemke 2017: 2)

In dem Diskussionspapier der Prokla-Redaktion wird der prognostizierte Ausnahmezustand allerdings anders hergeleitet: Vielmehr würden ökonomische und politische Krisenerscheinungen im Kontext des Aufstiegs rassistischer Parteien und rechter zivilgesellschaftlicher Aktivitäten »eine Tendenz zur Faschisierung« aufzeigen (ebd.: 529). Zwar wird dort vor einer Inflationierung des Faschismusbegriffs gewarnt, zugleich jedoch konstatiert, dass ein Vergleich mit historisch unterschiedlichen Ausprägungen des Faschismus »auch zu einem besseren Verständnis der Gewaltförmigkeit des aktuellen Krisenmanagements beitragen« könne (ebd.: 531).

In der Tat lassen sich historische Verbindungen zwischen historischem Faschismus und aktuellem Rechtspopulismus benennen: Beide zielen darauf, »über die liberale, konstitutionelle demokratische Repräsentation hinauszugehen und eine vermeintlich direkte Verbindung mit dem Volk herzustellen«. Daher spricht der US-amerikanische Historiker Federico Finchelstein vom »Populismus« als Form von »Postfaschismus« (Finchelstein 2017: 43). Doch der neue völkisch-autoritäre Populismus hierzulande ist mehr als Faschismus ohne Squadrismus.[2] Er stellt gewissermaßen politisch übergreifende Verbindungen her zwischen Konservatismus und Rechtsextremismus. Zwar ist die AfD keine neofaschistische Partei und organisiert auch keine Schlägertruppen in ihren Reihen. Jedoch agiert die AfD zu Teilen als selbsterklärte »Bewegungspartei« (Höcke 2016) und ist durch ihre Zusammenarbeit mit rechtsradikalen Gruppierungen und Protestakteuren in steigendem Maße zu einem parteipolitischen Dach einer völkisch-rassistischen Bewegung auf der Straße geworden: Sie droht gerade in Ostdeutschland zu einem politischen Bezugspunkt einer gewaltorientierten völkischen Massenbewegung zu werden. Ansätze hierzu zeigen sich in der Häufung rechter Protestmärsche in Cottbus um das rechte Bündnis »Zukunft Heimat« herum. Laut der Innenexpertin der Grünen im Potsdamer Landtag, Ursula Nonnemacher, formiert sich dort aktuell eine »Volksfront von rechts«. Und das in einer Region, »in der die AfD ohnehin schon stärkste Partei ist« (Nonnemacher 2018).

Diese Entwicklungen zeigen: In bestimmten Regionen Deutschlands droht der völkisch-autoritäre Populismus durchaus mehrheitsfähig zu werden. Extrem rechte Hot Spots in Ostdeutschland dienen den organisierten Rechtsaußenkräften als politisches Laboratorium für einen angestrebten völkisch-nationalistischen Aufstand. Dies stellt nicht nur die Forschung zum Rechtsextremismus und Rechtspopulismus vor neue Herausforderungen, sondern lässt sich durchaus als gesamtgesellschaftlich demokratiegefährdende, sich räumlich punktuell ausbreitende Faschisierungstendenz beschreiben – »Angepasster Faschismus« lautete ein Buchtitel in der Auseinandersetzung mit der in den 1960er Jahren aufkommenden NPD, der in Bezug auf die Verwurzelung des neuen völkisch-autoritären Populismus durchaus noch Gültigkeit in Anspruch nehmen kann (Niethammer 1969).

Polarisierung und politische Zeitenwende

Insgesamt befindet sich Deutschland jedoch nicht in einem politischen Ausnahmezustand im Sinne eines (faschistoiden) Ausnahmestaates: Vielmehr erleben wir aktuell eine politische Zeitenwende, in der eine massiv voranschreitende Verfestigung völkisch-autoritärer Weltbilder bei Teilen der Bevölkerung

---

[2] Als Squadristen wurden die gewalttätigen bewaffneten Schlägertrupps (»Squadre«) Mussolinis in der frühen Bewegungsphase des italienischen Faschismus bezeichnet.

einhergeht mit einer ebenso massiv voranschreitenden politischen Legitimationskrise. Der zunehmende Verfall der klassischen Volksparteien wird dabei befeuert von einer Fixierung auf eine sogenannte Politik der Mitte, die jegliche grundlegenden Unterscheidungsmöglichkeiten hinsichtlich gesellschaftlicher Utopien und Veränderungspotenziale verhindert. Die Debatten um die Fortführung einer Großen Koalition tun ihr Übriges zur Selbstzerstörung besonders der SPD, die laut Prognosen bei zukünftigen Wahlen von der AfD überholt zu werden droht.

Es war die Führungsspitze der rechtsradikalen FPÖ aus Österreich, die der AfD als ihrem potenziellen deutschen Pendant bei einem Treffen in Düsseldorf im Frühjahr 2016 den Rat gab, keinesfalls vorschnell mit der CDU zu kooperieren. Man habe in Österreich gute Erfahrung damit gemacht, die traditionellen Volksparteien durch das Treiben in Große Koalitionen so lange zu dezimieren, bis man schließlich selbst nach der Macht greifen könne. Die österreichische Tragödie eines konservativ/rechtsradikalen Regierungsbündnisses droht ihre Fortsetzung in Deutschland durch eine an Peinlichkeit nicht zu überbietende Selbstdemontage der sozialdemokratischen Führungsriege im Kontext einer politisch nicht mehr vermittelbaren Anstrengung zur Fortsetzung der Großen Koalition zu finden. Es häufen sich in ostdeutschen Landesparlamenten bei der CDU die Stimmen, die in einer künftigen Annäherung an die AfD eine mögliche politische Machtoption sehen.

Trotz der bedrohlichen Zunahme des völkisch-autoritären Populismus ist jedoch nüchtern zu konstatieren: Zustimmungsraten für die AfD von um die 25% stellen an sich noch keine Mehrheit dar. Die AfD hat sich noch nicht »unser Land und unser Volk« zurückgeholt, wie es deren Chefstratege Gauland nach der Bundestagswahl als Ziel verkündet hat (Gauland 2017).

Die AfD hat nicht die Mehrheit, sie ist vielmehr als eine »autoritäre Regression des Konservativen« (Weiß 2017: 262) zu verstehen, die zugleich sozialpopulistisch die hinterlassenen Leerstellen linker Parteien zu beerben versucht. Ingrid Artus verweist darauf, dass die »Re-Politisierung der sozialen Frage eben auch offen« ist für »rassistisch und patriarchal geprägte Situationsdeutungen, welche die Besitzstandswahrung und -mehrung in exklusiver Weise für ›die drinnen‹ gegen ›die draußen‹ fordern.« (Artus 2017: 160) Wir befinden uns also eher in einem Zustand von gesellschaftlicher Polarisierung mit offenem Ausgang. Denn »die progressive Seite« (della Porta 2017: 67) der Zivilgesellschaft ist ebenfalls in Form vielfältiger Bewegungen virulent, jedoch nicht entsprechend sichtbar im öffentlichen Diskurs.

Daher geht es aktuell um eine Repolitisierung der Debatte: Statt nur moralisch auf die rechten Tabubrüche zu reagieren, muss der politische Ursache-Wirkungs-Zusammenhang völkisch-autoritären Aufbegehrens in den

Blickpunkt genommen werden: Denn in dem vorherrschenden »Postdemokratischen Liberalismus« erscheinen die dafür verantwortlichen Strukturen – »die Eigentumsverhältnisse, das Bildungssystem, der Wohnungsmarkt, der Arbeitsmarkt« – als angeblich unveränderbar (Jörke/Selk 2017: 163). Eine linke Bewegung wäre jedoch gut beraten, eine Wiederentdeckung der Klassenfrage nicht mit einem, in verschiedenen Diskussionszirkeln gleichfalls aufkommenden »Bashing« von emanzipatorischer »Identitätspolitik« zu verbinden. Denn dadurch wird nur der rechte Kulturkampf beflügelt, dessen autoritär-patriarchales Weltbild sich maßgeblich aus populistischer Hetze gegen kulturelle Vielfalt, Gender Mainstreaming, sexuelle und religiöse Minderheiten und den Feminismus speist. Deshalb ist eine »eindeutige Positionierung an zwei Fronten – gegen Neoliberalismus und (alte wie neue) Rechte gleichermaßen« – erforderlich (Dowling/van Dyk/Graefe 2017: 419).

Literatur

Agnoli, Johannes/Brückner, Peter (1967): Transformation der Demokratie, in: Agnoli, Johannes (1990): Die Transformation der Demokratie und andere Schriften, Freiburg.

Artus, Ingrid (2017): Das »ungewöhnlich intensive« Streikjahr 2015. In: Prokla 186, Berlin.

della Porta, Donatella (2017): Progressive und regressive Politik im späten Neoliberalismus. In: Heinrich Geiselberger (Hrsg.): Die große Regression. Eine internationale Debatte über die geistige Situation der Zeit, Berlin.

Dowling, Emma/van Dyk, Silke/Graefe, Stefanie (2017): Rückkehr des Hauptwiderspruchs? Anmerkungen zur aktuellen Debatte um den Erfolg der Neuen Rechten und das Versagen der »Identitätspolitik«. In: Prokla 188, Berlin, S. 411-420.

Finchelstein, Federico (2017): Populismus als Postfaschismus. In: Aus Politik und Zeitgeschichte 42-43/2017, S. 42-46.

Gauland, Alexander (2017): »Wir werden Merkel jagen!« In: Der Spiegel vom 24.9.2017; www.spiegel.de/politik/deutschland/afd-alexander-gauland-wir-werden-frau-merkel-jagen-a-1169598.html (2.2.2018).

Hirsch, Joachim (2001): Postfordismus: Dimensionen einer neuen kapitalistischen Formation. In: Joachim Hirsch/Bob Jessop/Nicos Poulantzas: Die Zukunft des Staates, Hamburg.

Höcke, Björn (2016): Asyl. Eine politische Bestandsaufnahme – Vortrag beim IfS, www.youtube.com/watch?v=ezTw3ORSqlQ (20.1.2016).

Jörke, Dirk/Selk, Veith (2017): Theorien des Populismus zur Einführung, Hamburg.

Lemke, Matthias (Hrsg.) (2017): Was heißt Ausnahmezustand? In: Ders. (Hrsg.): Ausnahmezustand. Theoriegeschichte – Anwendungen – Perspektive, Wiesbaden.

Lucke, Albrecht von (2018): 50 Jahre APO, 5 Jahre AfD. In: Blätter für deutsche und internationale Politik 2, Berlin, S. 41-49.

Niethammer, Lutz (1969): Angepasster Faschismus. Politische Praxis der NPD, Frankfurt a.M.

Nonnemacher, Ursula (2018): Interview in: Hannoversche Allgemeine online vom 26.1.2018; www.haz.de/Nachrichten/Politik/Deutschland-Welt/Die-Wutbuerger-von-Cottbus (13.2.2018).

Poulantzas, Nicos (2002): Staatstheorie. Politischer Überbau, Ideologie, Autoritärer Etatismus, Hamburg (Erstauflage 1978).

Priester, Karin (2008): Populismus als Protestbewegung. In: Alexander Häusler (Hrsg.): Rechtspopulismus als Bürgerbewegung«. Kampagnen gegen Islam und Moscheebau und kommunale Gegenstrategien. Wiesbaden

Prokla-Redaktion (2016): Der globale Kapitalismus im Ausnahmezustand. In: Prokla. Zeitschrift für kritische Sozialwissenschaft. Nr. 185, Münster, S. 507-542.

Theveßen, Elmar (2017): Kommentar zur Bundestagswahl. AfD: Angriff – auf die liberale Demokratie. Heute Journal vom 24.9.2017; www.zdf.de/nachrichten/heute/kommentar-zum-ausgang-der-bundestagswahl-2017-afd-ist-ein-100.html, (12.2.2018).

Weiß, Volker (2017): Autoritäre Revolte. Die Neue Rechte und der Untergang des Abendlandes, Stuttgart.

Autor*innen

Michael Barthel ist Sozialwissenschaftler und Mitarbeiter der Regionalen Beratungsteams gegen Rechtsextremismus bei Miteinander e.V. – Netzwerk für Demokratie und Weltoffenheit in Sachsen-Anhalt.

David Begrich, Facharbeiter für Archivwesen, Studium der Theologie und Sozialwissenschaften an der Kirchlichen Hochschule Ostberlin, Mitarbeiter der Arbeitsstelle Rechtsextremismus bei Miteinander e.V. in Magdeburg.

Paul Bey ist Politikwissenschaftler und Philosoph. Er forscht zu den Schwerpunkten extreme Rechte und Neonazismus und ist Mitglied im AK Rechts des »Duisburger Institut für Sprach- und Sozialforschung«.

Joachim Bischoff, Ökonom und Publizist, ist Mitherausgeber der Zeitschrift Sozialismus, Hamburg.

Michael Bonvalot ist Journalist und Autor in Wien. Er schreibt regelmäßig für österreichische und deutsche Medien sowie auf bonvalot.net. Seine Schwerpunkte sind Rechtsextremismus, Migration und Sozialpolitik.

Richard Gebhardt lebt und arbeitet als Politischer Bildner und Publizist in Aachen und Köln.

Alexander Häusler ist wissenschaftlicher Mitarbeiter des Forschungsschwerpunktes Rechtsextremismus/Neonazismus der Hochschule Düsseldorf (www.forena.de). Gemeinsam mit Fabian Virchow ist er Herausgeber der Edition Rechtsextremismus bei Springer VS.

Anna-Lena Herkenhoff ist Soziologin und beruflich tätig als Mitarbeiterin der Mobilen Beratung gegen Rechtsextremismus im Regierungsbezirk Münster.

Ulli Jentsch ist Mitarbeiter des Antifaschistischen Pressearchiv und Bildungszentrum Berlin e.V. (apabiz) und derzeit für NSU-Watch sowie als freier Journalist tätig. Er recherchiert seit über 20 Jahren zur extremen Rechten in Deutschland.

Horst Kahrs, Sozialwissenschaftler, arbeitet für die Rosa-Luxemburg-Stiftung zu den Themen Klassen und Sozialstruktur, Demokratie und Wahlen und veröffentlicht regelmäßig Arbeitsergebnisse auf www.rosalux.org.

Christoph Kopke ist Professor für Politikwissenschaft und Soziologie an der Hochschule für Wirtschaft und Recht in Berlin.

Felix Korsch ist Politikwissenschaftler und Fachjournalist, lebt und arbeitet in Dresden und Leipzig.

Beate Küpper ist Professorin für Soziale Arbeit in Gruppen und Konfliktsituationen an der Hochschule Niederrhein in Mönchengladbach und derzeit Fellow der Stiftung Mercator für das Thema Rechtspopulismus im Praxisfeld Integration. Sie ist u.a. Reaktionsmitglied der Zeitschrift »Demokratie gegen Menschenfeindlichkeit«.

Christiane Leidinger ist vom Wintersemester 2016/17 bis zum Sommersemester 2018 Gastprofessorin für Geschlechtersoziologie und Empowerment an der Hochschule Düsseldorf und promovierte Politik- und Sozialwissenschaftlerin. Sie lehrt und forscht u.a. zu Alten und Neuen Sozialen Bewegungen.

Alexander Lorenz studiert Zeitgeschichte an der Universität Potsdam. Er ist Redakteur bei »Medaon. Magazin für jüdisches Leben in Forschung und Bildung« und u.a. in der historisch-politischen Bildungsarbeit für den DGB und andere Bildungsträger in Berlin und Brandenburg tätig.

Ina Pallinger arbeitet und promoviert am Fachgebiet für Demokratieforschung des Instituts für Politikwissenschaft an der Philipps-Universität Marburg. Sie ist Mitglied im Forschungsnetzwerk Frauen und Rechtsextremismus und arbeitet zu den Schwerpunkten Extreme Rechte und Gender.

Karin Priester ist emeritierte Professorin für Soziologie mit Schwerpunkt Politische Soziologie an der Westfälischen Wilhelms-Universität Münster. Zahlreiche Veröffentlichungen u.a. zu den Themen Populismus, Faschismus, Demokratietheorien.

Heike Radvan ist Professorin für Theorien und Methoden der Sozialen Arbeit an der Brandenburgischen Technischen Universität Cottbus. Sie lehrt und forscht u.a. zu Rechtsextremismusprävention sowie zu Erziehungsstilen in der Heimunterbringung der DDR.

Eike Sanders ist Mitarbeiterin des Antifaschistischen Pressearchiv und Bildungszentrum Berlin e.V. (apabiz), wo sie seit zehn Jahren zentral zu dem Thema extreme Rechte und Gender forscht, publiziert und Bildungsarbeit durchführt. Sie ist Mitglied im Forschungsnetzwerk Frauen und Rechtsextremismus.

Regina Wamper ist wissenschaftliche Mitarbeiterin im Duisburger Institut für Sprach- und Sozialforschung. Sie arbeitet dort zu den Themen Extreme Rechte, Rassismus, Geschlechterverhältnisse und Diskurstheorie.

Andreas Zick ist Direktor des Instituts für interdisziplinäre Konflikt- und Gewaltforschung und Professor für Sozialisation und Konfliktforschung an der Universität Bielefeld. Er ist u.a. Mitglied des Deutschen Forums Kriminalprävention und des Rats für Migration.